## 이 책을 먼저 본 이들의 찬사

아무리 훌륭한 비전을 제시하더라도 이를 실현한 운영체계(프로세스)가 부실하다면 공허한 메아리일 뿐이다. 어쩌면 우리에게는 비전이 부족한 게 아니라 이를 실현할 체계적인 프로세스가 없는 게 아닐까. 성과를 내는 조직을 만들고 싶다면 이 책이 좋은 가이드가 되어줄 것이다. 국내 기업들이 배우고 적용하고 싶어 하는 실리콘밸리 기업들의 프로세스를 몸소 경험해온 저자가 엑기스만 짜내 국내 상황에 맞게 정리했다.

**한재선** | KAIST 전산학부 겸직교수, 전 그라운드X 대표

잘 나가는 스타트업이 수백억 원 이상의 투자를 받을 정도로 성장하고 조직이 커지면 실행력과 속도가 느려진다. 혁신적인 제품 기획도 더뎌지게 된다. 바로 이때 '프로세스의 힘'이 필요하다. 이 책은 고속 성장하는 스타트업이 알아야 할 프로세스 운영법을 알려준다. 구체적으로는 프로세스 도입을 통해 '혁신 제품 기획', '팀의 신속한 실행', '조직문화 구축'을 만드는 비결을 제공한다. 저자의 오랜 경험을 바탕으로 전하고 있어 실무적으로 바로 도입할 수 있다. 처음처럼, 계속해서 혁신 제품을 기획하고 조직의 실행력을 빠르게 유지하고자 하는 모든 경영진께 일독을 권한다.

**양주영** | 어센도벤처스 벤처파트너, 전 Toss Co-Founder, COO

급변하는 세상 속에서 조직을 성공으로 이끌기 위한 조건으로 조직 방향성을 설정하고 비전을 전파하는 강력한 리더십이 강조되어 왔다. 그러나 특정 개인의 역

량에 기댄 운영은 위험과 편차를 야기할 수 있다. 전체적이고 지속적이며 근본적으로 기업과 조직을 변화시키고자 한다면 조직 내 정보 흐름과 실행을 관리하는 체계적인 시스템과 프로세스가 필수다. 구글이 세계적인 기업으로 성장하는 과정에서 경영진의 비전과 리더십이 잘 설계된 시스템과 프로세스로 실현되는 것을 목격하고 경험하며 나는 그 가치를 깊이 깨달았다.

《실리콘밸리 프로세스의 힘》은 혁신을 거듭하며 눈부신 성과를 내는 실리콘밸리 기업들의 프로세스에 대해 다양한 사례와 구체적인 설계 방법을 명확하게 알려주는 책이다. 국내 기업들이 조직 구조와 운영체계를 한 단계 더 발전시킬 수 있는 실질적인 지침서로 10명이든 1만 명이든 조직을 이끄는 경영진과 관리자라면 이 책을 읽어야 한다.

**황성현** | 퀀텀인사이트 대표, 가천대학교 스타트업칼리지 전임교수

기업과 조직이 그들의 경쟁력을 안정적으로 유지하고 지속 가능한 성장을 만들기 위해 무엇이 가장 필요할까? 저자는 단연 조직을 작동하게 만드는 '프로세스'라고 말한다. 잘 설계된 프로세스만이 시장의 경계가 사라지고 급변하는 디지털 혁신 시대에 빠르고 효율적으로 조직을 운영하게 만들기 때문이다. 이 책은 저자가 경험하고 관찰해온 것을 토대로 프로세스의 중요성과 이를 성공적으로 우리 조직에 적용하는 방법을 제공한다. 현재 치열한 경쟁을 치르고 있는 경영자뿐 아니라 모든 미래 기업가들에게 추천한다.

**김범수** | 서강대학교 경영학부 교수

실리콘밸리
프로세스의 힘

# 실리콘밸리 프로세스의 힘

| 그들을 세계 최강의 조직으로 만든 핵심동력 |

신재은 지음

더퀘스트

이 책의 모든 내용은 이 책에서 언급된 기업들의 공식적인 입장이 아닌 나의 개인적인 경험과 의견을 기반으로 쓰였음을 밝혀둔다.

**프롤로그**

# 성공하는 기업들의 변하지 않는 습관, 프로세스

한때 전 세계적으로 기업들 사이에서 유행처럼 번졌던 '디지털 트랜스포메이션Digital Transformation(이하 DX)'에 힘입어 많은 국내 기업들이 너도나도 앞다퉈 DX를 도입한 적이 있다. 나 또한 당시 국내 모 카드사에서 근무하며 우리나라 카드사 최초로 디지털 해외 송금 서비스 출시를 이끌어냈었다. 당시의 경험은 유행과도 같았던 DX가 기업에 끼치는 막대한 영향력과 실무 도입 과정을 직접 보고 체감할 수 있었던 좋은 기회였다.

그 일이 있고 몇 년 후, 나는 아마존으로 이직해 수석 프로덕트 매니저로 일하게 되었다. 그리고 그곳에서 태생이 디지털 네이티브인 기업들, 즉 따로 DX를 할 필요 없이 처음부터 디지털 환경에서 태동한 기업들의 운영 방식은 그렇지 않은 전통적인 기업들과는 근본적으로 다르다는 사실을 완벽하게 비교 체험할 수 있었다. 지난 20여 년간 한국의 여러 회사에도 다녀보고 영국의 사모펀드에서 일하며 영국과 유럽, 세계 각국 회사들의 경영에 참여해본 덕택이었다.

내 경험을 소프트웨어에 빗대 표현하면, 디지털 네이티브 기업들은 회사를 최신 맥 OS 버전으로 운영하고 있는데, 전통적인 기업 운영 방식을 고수하는 기업들은 아직까지도 MS-DOS 체제로 회사를 운영하며 군데군데 패치 업그레이드를 해나가는 느낌이었다. 그리고 이러한 운영 방식의 차이가 발생한 데는 태생이 디지털 네이티브인 실리콘밸리 기업들의 세계관과 오퍼레이션 철학이 전통적인 기업과는 전혀 다른 출발선에서 시작했기 때문이라는 사실 또한 매우 흥미로웠다.

### 전쟁에서 이기기 위한 전술

누가 나에게 미국에서 일하며 가장 인상 깊었던 점을 꼽으라고 한다면 나는 주저하지 않고 '미국 기술 기업들의 조직 운영 방식'이라고 말한다. 성공한 기업들은 역시 이래서 다르구나, 라며 혼자 감탄을 할 때도 많았고, 꼭 기술 기업이 아니더라도 조직을 한 번 이렇게 운영해보면 좋을 텐데 하는 생각도 많이 했기 때문이다. 그중에서도 특히 인상 깊었던 부분은 성공하는 조직을 만드는 프로세스의 힘이었다. 프로세스는 눈에 보이지는 않지만 뒤에서 조용히 제 할 일을 하는 숨은 주역이자 조직의 성공 습관을 길러주고 그것을 꾸준히 지속하게 하는 힘이었다.

성공적인 기업은 성공적인 전략과 전술을 통해 만들어진다. 전략과 전술은 본래 군사 용어인데, 전략strategy이 전쟁을 이기기 위한 계획이라면 전술tactic은 그 실행 방법이다. 즉, 기업의 경영 전략이 성공을 위한 장기적이고 근본적인 계획인 'What'이라면, 전술은 이러한 계획을 달성할 수 있는 구체적인 실행 수단이자 행동 지침인 'How'를 제시한다. 성공하는 기업은 이 두 가지 요소를 상호 보완적으로 활용하여 목표를 달성하고 지속 가능한 성장을 이루어낸다.

지속적으로 성공하는 기업을 만드는 핵심 경영 '전략'의 두 축을 꼽으라면, 바로 혁신적인 제품 출시와 조직력 강화를 들 수 있다. "위대한 기업은 훌륭한 제품이 만든다"라는 일론 머스크의 말처럼 훌륭한 제품을 개발하고 시장에 출시하는 것은 기업의 성공과 존속을 위한 필수 조건이다. 혁신적인 제품과 서비스만이 새로운 시장을 개척하여 기업에 독보적인 경쟁우위를 가져다주기 때문이다. 따라서 혁신적인 제품과 서비스를 꾸준히 출시할 수 있는 제품 기획 역량을 키우고 지속적으로 강화해나가는 것이야말로 기업의 미래와 지속적인 성장을 위한 필수 전략이라고 할 수 있다.

또한 기업의 성과는 결국 조직이 만들어낸다. 한두 사람이 해낼 수 있는 일은 한계가 있기 때문이다. 그렇기에 조직을 한 방향으로 일사불란하게 움직이며 목표를 달성하는 것 또한 성공에 필수적인 기초 체력을 다지는 일이다. 조직력을 강화하기 위해 필요한 요소로는 조직의 실행력 강화, 내부 결속을 다지는 강한 조직문화 구축 그리고 조직이 신뢰할 수 있는 공정한 평가제도 수립을 꼽을 수 있다.

내가 이 책을 통해 소개할 프로세스는 실리콘밸리 기업들이 이러한 핵심 경영 전략을 달성하기 위해 사용하는 '전술', 즉 구체적인 실행 방법에 관한 것이다. 위에서 설명한 기업을 성공으로 이끄는 세 가지 세부 전략인 혁신적인 제품 출시, 조직의 실행력 강화, 강한 조직문화 구축을 체계적으로 실행하도록 설계된 각각의 스탠더드 오퍼레이팅 프로세스 Standard Operating Process, SOP(표준 운영 절차)가 바로 그것이다.

- 혁신적인 제품과 서비스를 만드는 제품 기획 SOP
- 조직의 실행력을 강화하는 애자일 Agile 업무 관리 SOP
- 고객 제일주의로 똘똘 뭉친 강한 조직을 구축하는 조직문화 SOP

SOP, 즉 스탠더드 오퍼레이팅 프로세스는 작업을 수행하는 방법을 단계별로 정리한 지침이다. 다시 말해 업무 수행 절차를 표준화하고 규격화한 것으로, 일정한 품질의 결과물이 목표로 한 시간까지 나올 수 있도록 유지하는 역할을 한다. SOP의 가장 큰 장점은 '문서화된 프로세스 상세 운영 매뉴얼'로서 매뉴얼만 읽을 수 있다면 누구나 도입하여 일관된 결과를 낼 수 있다는 것이다. 또한 프로세스의 특성상, 목표하는 결과를 매번 달성하게 하고, 조직의 역량을 강화하며, 이를 확장성 있게 조직 전체에 적용할 수 있다.

## 효율적인 방식으로 최고의 성과를 내는 법

아울러 이 책은 지금 현재 운영상의 다양한 문제를 겪고 있는 기업 오퍼레이터들이 지금 당장 활용할 수 있는 실무적인 방안을 제시하는 책이기도 하다.

스타트업이든 중소기업이든 대기업이든 기업의 규모와는 상관없이 현재 기업 내부적으로 다음과 같은 문제를 겪고 있다면 이 책에서 유용한 해결 방법들을 배울 수 있을 것이다. 문제의 근본 원인을 해결하고 더 나아가 각 분야에서 조직의 역량을 강화할 수 있는 체계적인 방법들을 제시해놓았으니 많은 도움이 되기를 바란다.

- 고객 중심적인 제품과 서비스를 만들고 싶으나 어떻게 체계적으로 직원들을 교육하고 서비스 기획에 적용할지에 대해 고민하는 기업
- 현재 우리 기업에서는 고객 중심적인 제품과 서비스를 만들고 있다고 생각하고 있으나 결과물은 그렇지 않은 기업.
- 성공적인 제품을 출시할 수 있는 제품 기획 능력을 기업 내부적으로 강화하고자 하는 기업
- 조직의 속도가 느리거나 실행력이 약해 고민하는 기업
- 업무 마감일을 지키지 않는 것을 대수롭지 않게 여기는 구성원들이 일하는 기업. 상사가 직원들의 업무를 일일이 챙겨야 원활한 업무 진행이 가능한 조직
- 서로 다른 팀이나 조직 간의 경쟁이나 업무 사일로Silo 현상, 또는 조직문화 문제로 원활한 사내 협업이 되지 않는 기업
- 직원들의 업무 오너십이 강한 조직문화를 구축하고 싶은데 구체적인 방법을 모르거나 이제까지 시도했던 방식에서 효과를 보지 못했던 기업
- 조직의 결속이 약하거나 기업 내부 이슈로 단결이 되지 않는 기업
- 앞으로 가속화될 조직 내부의 세대 교체에 적합한 조직문화 기반을 마련하고자 하는 기업

이 외에도 조직이 빠르게 성장함에 따라 내부 프로세스를 조금 더 갖추고 체계적으로 기업 운영을 하고 싶은 경영진들도 있을 것이다. 보통 스타트업이 시리즈B 또는 C 펀딩을 받은 후, 기업 내부

의 오퍼레이션 강화를 위해 타 스타트업의 COO(최고운영책임자)나 외부 컨설턴트를 채용해 운영 책임을 맡기는 경우, 또는 중소기업이 사업 규모가 점점 커지면서 보다 체계적인 방식의 직원 관리 및 업무 방식을 시스템화하고자 하는 경우가 여기에 속한다. 이 책은 이런 과도기를 겪고 있는 기업 리더들이 시행착오를 최소화하고, 그들의 일을 가장 효과적으로 수행할 수 있도록 검증된 기업 운영 프레임워크와 표준화된 업무 방식을 제공하고자 한다.

또한 탑다운으로 내려오는 디지털 이노베이션 전략과 기존의 기업 운영 방식과의 괴리로 어려움을 겪고 있는 실무 책임자나 중간 관리자들도 빼놓을 수 없다. 사실 기업 전략이나 기획팀 등 소위 '비즈니스 전통파 조직'과 기술팀 등 '테크놀로지 조직' 간에 생길 수 전형적인 문제들(서로의 업무에 대한 이해 부족, 커뮤케이션이 되지 않는 문제 등)은 기업의 규모와 상관없이 일어나곤 한다. 보통 조직의 리더가 비즈니스든 기술이든 어느 한 분야로만 치우친 경우에 발생하는 문제이기 때문이다.

그러나 성공한 실리콘밸리의 기업 리더들은 그렇지 않다. 우리가 잘 아는 많은 실리콘밸리 리더 중에는 비즈니스와 테크놀로지 이 두 가지 분야를 전문적으로 아우를 수 있는 실전 경험과 배경을 가진 CEO들이 매우 많다. 설령 어느 한 분야로 치우쳤더라도 자신의 부족한 부분을 채워줄 수 있는 핵심 인력을 항상 옆에 두고 있다. 일례로 아마존의 창업자 제프 베이조스는 아마존을 설립하기 전, 월스트리트의 뱅커스 트러스트Bankers Trust와 D. E. Shaw & Co. 등 여러 금융 관련 분야에서 일했다고 알려져 있다. 하지만 그는 프린스턴 대학교에서 전기공학 및 컴퓨터과학 학위를 받은 엄연한 공학도로, 기술 지식과 비즈니스 전문 지식, 둘 다를 갖춘 대표적인 전문 경영인이다. 구글의 순다르 피차이Sundar Pichai CEO 또한 마찬가지다. 그는 스탠퍼드 대학에서 재료공학 및 반도체 물리학 석사를 취득한 공학도이자 와튼스쿨 MBA 출신에, 맥킨지 컨설팅 출신이다.

이와 같은 기업 사례를 통해 알 수 있는 것은 성공적인 디지털 조직을 운영하기 위해서는 비즈니스와 테크놀로지 이 두 개의 전문 분야는 더 이상 조직 내부에서 각자 분리돼 운영되어서는 안 되며, 기업에서 이 두 개의 핵심 분야를 성공적으로 융합할 수 있는 체계적인 시스템과 프로세스가 필요하다는 것이다.

그래서 이 책은 비즈니스와 테크놀로지 이 두 가지 축을 성공적으로 융합한 디지털 네이티브 기술 기업들은 어떤 방식으로 디지털 제품을 기획하고 조직을 운영하는지에 대해 자세히 설명하려고 한다. 그리고 여러분들의 조직에서도 이를 비교적 쉽게 도입해볼 수 있는 오퍼레이션 방법론을 제시하고자 한다. 또한 평소 효율적이고 체계적인 방법으로 최고의 성과를 낼 수 있는 기업 운영 방식에 대한 궁금증과 고민을 가지고 있는 기업 경영진들과 조직 리더들에게도 실행 가능한 인사이트를 제공하고자 한다.

오늘날 우리가 매체를 통해 흔히 접하는 정보는 가시적인 성과에만 크게 치우쳐 있는 듯하다. 하지만 이 책은 실제 결과가 기업 내부적으로 어떠한 '과정'을 통해 만들어지고, 왜 이러한 과정들이 그러한 성과를 만들어낼 수밖에 없는지에 대한 근본적인 인과관계를 설명한다. 그 과정을 면밀히 들여다봄으로써 성공한 기업들이 실제로 어떻게 기업을 운영하는지에 대한 궁금증을 해소하고, 우리 기업에 적용할 수 있는 구체적인 방법을 생각해볼 수 있을 것이다. 다시 말해 '알아두면 좋은 정보'가 아닌 '우리 기업 환경에 적용 가능한 실질적인 방안'이자 '실행 가능한 지식'이 되리라 단언한다.

마지막으로, 지금 현재 스타트업을 준비 중인 예비 창업자들 그리고 이제 막 창업을 시작한 사람들에게도 이 책을 권한다. 나 또한 스타트업 창업자 출신으로, 기업 운영의 중요성을 누구보다 뼈저리게 느낀 사람이다. 회사를 운영한다는 것이 정확하게 어떤 의미인지 그리고 기업 오퍼레이터로서 필요한 역량은 무엇인지를 명확하게 숙지한 뒤 창업이라는 힘들지만 보람 있는 길을 가기를 바란다. 나는 이러한 지식을 모른 채로 뜨거운 열정만 가지고 창업을 시작했고, 그 과정에서 무수히 많은 시행착오를 겪었다. 부디 내가 한 실수를 여러분들은 되풀이하지 않았으면 하는 바람이다.

## 모두에게 필요한 프로세스 중심 경영

앞으로 이어질 내용들에서 나는 개인주의 가치관과 문화가 보편적으로 자리 잡은 미국의 기업 환경에서 체계적인 메커니즘과 프로세스를 통해 고객 중심과 조직력 강화를 일군 실리콘밸리의 기술 기업들의 프로세스 중심의 오퍼레이션 체계과 운영 방식을 소개할 것이다. 그리고 이를 통해 급격한 기업 환경 변화의 정점에 서 있는 국내 기업들에게 미래를 미리 대비할 수 있는 하나의 혜안을 드리고자 한다.

프로세스 중심 경영은 결코 성공한 실리콘밸리의 기술 기업들만의 전유물이 아니다. 뒤에서 설명하겠지만 그들의 프로세스 경영 방식을 따라 하면 성공할 수 있음을 실제로 증명해낸 '츄이Chewy' 같은 스타트업도 있다. 츄이는 실리콘밸리 기업들의 SOP를 꾸준히 실행하여 고객 중심으로 똘똘 뭉친 기업이 되었고, 회사 설립 후 6년 만에 온라인 유통 업계의 절대 강자인 아마존에 대적하는 회사가 될 정도로 성공했다. 그러니 '우리 회사는 구글이 아니니까', '우리는 아마존이 아니니까'라며 프로세스 도입 자체를 포기해버리는 일은 없기를 바란다.

프로세스는 무엇인가를 꾸준히 지속하게 하는 매우 강력한 도구이자 전술이다. 성공하는 기업을 만드는 힘인 프로세스를 꾸준히 따라 실행하다 보면, 어느새 성공해버린 스타트업 츄이처럼 여러분들 또한 성공적인 조직, 나아가 성공적인 기업을 만들 수 있을 것이라 확신한다.

차례

프롤로그 | 성공하는 기업들의 변하지 않는 습관, 프로세스 • 7

## 1장
# 프로세스로 성공을 설계하라

화려한 비저너리 스티브 잡스와 조용한 오퍼레이터 팀 쿡 • 25
위대한 운영자는 회사의 DNA까지 바꾼다 • 29
비전과 프로세스의 균형, 영국 창업 경험에서 얻은 깨달음 • 32
급변하는 시대에 필요한 체계적 오퍼레이션의 힘 • 37
오퍼레이션 시스템을 지탱하는 두 개의 축, 고객 중심과 조직력 강화 • 43
기업의 '승리 습관'을 구축하는 프로세스의 힘 • 50
그들만의 프로세스가 아닌 모두를 위한 프로세스가 되려면 • 61
어느 기업에서도 프로세스는 통한다 • 70

## 2장
## 혁신적인 제품을 만드는
## 스탠더드 오퍼레이팅 프로세스

| | |
|---|---|
| 혁신적인 제품은 혁신적인 프로세스 속에서 탄생한다 | • 77 |
| **제품 아이데이션 프레임워크 1** \| 고객의 '문제'를 정의하기 | • 85 |
| **제품 아이데이션 프레임워크 2** \| 문제의 '완벽한 해결'에 집중하기 | • 92 |
| **제품 아이데이션 프레임워크 3** \| 이상적 고객 경험에서 시작하는 퓨처 백 기획 | • 100 |
| 혁신적 제품 기획을 위한 아이데이션 프레임워크 적용하기 | • 113 |
| 아이디어는 시작일 뿐, 사업 타당성 검토하기 | • 122 |
| 현장에서 바로 사용하는 실전 PR/FAQ 템플릿 | • 128 |
| 논리적인 생각을 이끌어내는 글쓰기의 중요성 | • 132 |
| **제품 출시를 위한 PR/FAQ 적용하기 1** \| 정확한 정보 전달을 위한 사내 언어 프로토콜 | • 137 |
| 스타트업일수록 더욱 필요한 PR/FAQ 프로세스 | • 154 |
| **제품 출시를 위한 PR/FAQ 적용하기 2** \| 누구나 납득할 수 있는 근거를 확보하라 | • 162 |
| PR/FAQ 프로세스를 실무에 제대로 도입하려면 | • 167 |

## 3장

### 민첩하게 움직이는 조직을 만드는 스탠더드 오퍼레이팅 프로세스

| | |
|---|---|
| 실행력이 느린 조직과 빠른 조직의 결정적 차이 | • 177 |
| 실행력이 빨라지는 업무 관리 프로세스 | • 184 |
| 문제를 미리 예측하고 방지하는 주간 회의 운영 방식 | • 194 |
| 애자일 프로세스 도입 시 유의 사항 | • 205 |
| 기업의 ROI를 극대화하기 위한 프로세스 활용법 | • 217 |

## 4장

### 진취적인 조직문화를 만드는 스탠더드 오퍼레이팅 프로세스

| | |
|---|---|
| 조직문화의 진정한 의미와 그 위력 | • 225 |
| 프로세스를 중심으로 돌아가는 조직문화의 특징 | • 231 |
| 직원이 아닌 업무의 '주인'을 채용한다 | • 234 |
| 실력과 가치관을 모두 검증하는 기준, 리더십 원칙 | • 240 |
| 지원자의 과거 행동 패턴을 파악하는 행동사건면접 | • 244 |
| 단단한 조직문화를 만드는 단 하나의 목적의식, '고객 중심' | • 252 |
| 고객의 소리가 사업과 승진에 반영되어야 하는 이유 | • 260 |
| 설립 6년 만에 업계 2위가 된 스타트업의 비밀 | • 264 |
| 공정한 성과 평가를 위한 스탠더드 오퍼레이팅 프로세스 | • 269 |
| 셀프 평가 제도의 적용 방법 | • 279 |

## 5장
## 프로세스로 성공을 설계하고자 하는 리더가 알아야 할 것

프로세스와 사람 간의 균형이 중요하다 • 285
프로세스의 효과는 리더의 결단에 좌우된다 • 290

**에필로그** | 비저너리에서 오퍼레이터가 되기까지 • 292
**참고문헌** | • 295

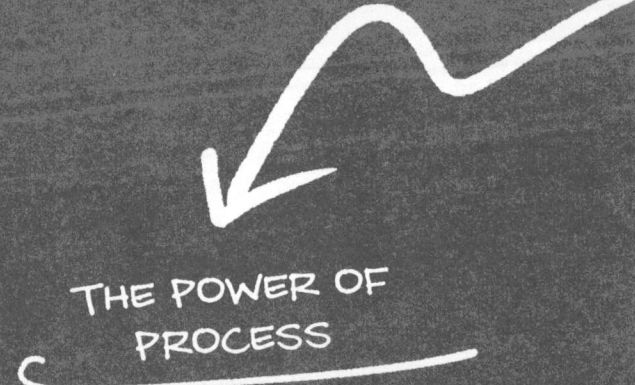

# THE POWER OF PROCESS

Design for Success

# 1장
# 프로세스로 성공을 설계하라

# 화려한 비저너리 스티브 잡스와
# 조용한 오퍼레이터 팀 쿡

### 조용하게 애플을 이끈 또 한 명의 사람

"애플은 기업의 오퍼레이션 스탠더드를 전례 없이 높은 수준으로 끌어올렸습니다."

"애플의 탁월한 기업 운영 능력은 제품의 혁신성이나 마케팅과 마찬가지로 애플만이 가지고 있는 큰 자산입니다".

이는 HP<sub>Hewlett-Packard</sub>의 전 운영 부사장이자 밴티지포인트 캐피털 파트너스<sub>VantagePoint Capital Partners</sub>의 벤처 투자가인 마이크 폭스가 한 말이다.

스티브 잡스와 팀 쿡, 이들에 관한 이야기는 참으로 흥미롭다. 화려한 비저너리와 조용한 오퍼레이터의 캐릭터와 활약상을 잘 보여주는 사례이자, 늘 비저너리의 그늘에 가렸던 오퍼레이터가 어느 순간 대중 앞에서 스포트라이트를 받게 되는 반전을 보여주는 드라마이기도 하기 때문이다.

## 묵묵하게 '시총 3조 달러'의 공룡을 키워낸 장본인

스티브 잡스 뒤를 이어 애플의 CEO로 취임한 팀 쿡이 보여준 성과는 실로 대단하다. 그가 취임한 2011년 8월 이후 애플의 시총은 하루 평균 7억 달러씩 오르며 3조 달러를 돌파했다. 또한 애플의 매출과 순수익은 각각 1,080억 달러에서 3,650억 달러로, 260억 달러에서 950억 달러로 증가했으며, 에어팟과 애플워치 같은 혁신적인 제품들도 출시했다. 더불어 스마트폰 사업보다 훨씬 더 안정적이고 예측 가능한 수입원을 창출하는 서비스 부서를 키워 맥도날드와 나이키를 합친 것보다 더 큰 매출 규모를 가진 어마어마한 사업으로 만들었다.

사실 팀 쿡을 잘 아는 사람이라면 그의 활약은 전혀 새삼스럽지 않다. 스티브 잡스가 애플의 CEO로 있던 시절부터 이미 팀 쿡은 애플을 성공적인 기업으로 키우는 데 핵심적인 역할을 했다. 잡스가 그의 열정적인 비전, 특유의 카리스마와 쇼맨십으로 우리 모두의 시선을 사로잡았을 때, 팀 쿡은 애플의 제품을 생산하고 판매하는 역할을 담당했다. 그는 애플의 최고운영책임자이자 제품 공급망 관리 전문가로서 애플의 제품 공급망을 보다 유연하고 신속하게 관리하여 기업의 골칫덩이인 재고를 없애고 애플의 수익성을 높였다. 또한 제조 위탁 과정에서 생길 수 있는 품질 이슈를 방지하기 위해 위탁 생산 전 과정을 애플이 컨트롤하는 프로세스도 만들었다. 그의 이러한 활약 덕분에 애플은 전 세계 각지에 그들의 제품을 공급하여 소비자들의 사랑을 받을 수 있었고, 그 결과 세계적인 기업으로 성장할 수 있었다.

이러한 그의 활약상은 스티브 잡스의 카리스마와 비전에 가려져 한동안 빛을 보지 못했다. 매혹적인 프레젠테이션, 혁신적인 아이디어, 카리스마 넘치는 쇼맨십으로 많은 미디어의 관심과 대중의 감탄을 자아냈던 잡스와는 달리, 뒤에서 묵묵히 회사를 성공적으로 운영했던 팀 쿡에게 큰 관심을 두는 대중은 없었던 것이다.

하지만 팀 쿡을 잘 아는 관계자들은 그의 오퍼레이터로서의 역량을 익히 잘 알고 있었고, 그가 잡스 뒤를 이을 후임으로 결정되었을 때도 별로 놀라지 않았다. 팀 쿡이 처음 애플 CEO로 부임했을 당시, 애플이 곧 망할 거라며 정말 많은 매체들이 비관적인 전망을 쏟아

냈다. 현실은 어떤가? 잡스 사후 10년이 훌쩍 지났지만 애플은 여전히 승승장구하고 있다. 그런 까닭에 최근 몇 년간 팀 쿡에 대한 재평가가 이뤄지고 있는 상황이지만 사실 그는 이전부터 꾸준히 애플을 성공적인 기업으로 만들어온 장본인이었다. 단지 지금은 스티브 잡스의 그늘에서 벗어나 대중의 스포트라이트를 온전히 받게 되었을 뿐, 예전과 달라진 것은 없다.

팀 쿡과 같은 실력 있는 기업의 오퍼레이터들은 지금도 묵묵히 회사 운영을 책임지며 성공적인 기업을 만들어나가고 있다. 비록 대중의 찬사를 받지 못하더라도 무대 뒤에서 묵묵히 일하며 꾸준한 성과를 내는 이들을 우리 모두 한 번쯤은 되돌아봤으면 한다.

# 위대한 운영자는
# 회사의 DNA까지 바꾼다

## '깐깐한 살림꾼'이 이뤄낸 전례 없는 공급망 혁신

팀 쿡이 이룬 가장 큰 업적 중 하나는 애플의 공급망 관리 프로세스를 혁신한 일이다. 그 혁신의 결과로 애플은 전 세계에 수십만 개의 제품을 팔면서도 공장에서 소비자에게 직접 제품을 배송하는 적시생산 체제를 안착시켰고, 40퍼센트대라는 어마어마한 기업 매출총이익률을 달성했다. 하드웨어 업계의 평균 매출총이익률이 20퍼센트대인 것을 감안하면 이는 실로 놀라운 성과가 아닐 수 없다.

공급망은 자재의 조달부터 최종 소비자 판매까지 관련된 모든 절차가 서로 맞물려 톱니바퀴처럼 움직인다. 따라서 어느 한 부분에 문제가 생기면 전체 시스템에도 문제가 생긴다. 이렇게 실행 리스크가 큰 프로젝트임에도 불구하고, 성공적인 결과를 낼 수 있었던 이유는 바로 팀 쿡의 치밀한 프로세스 설계에 있었다.

팀 쿡은 먼저 최첨단 내부 ERP 시스템을 구축하여 생산 수요를 정확하게 예측하는 프로세스를 도입했다. 특정 제품의 재고가 어느 스토어에 몇 개가 있으며, 온라인으로 들어오는 실시간 주문량은 몇 개인지, 위탁 업체가 현재 보유한 부품 개수는 몇 개인지 등, 제품의 수요에 따른 필요한 생산량을 투명하고 정확하게 관리하는 시스템이다. 애플은 이 시스템을 통해 매일 필요한 생산량을 착오 없이 조절하여 그때그때 필요한 만큼만 제품을 생산할 수 있었다.

또한 생산 과정을 위탁하면서도 최고의 품질을 보장하기 위해 제품 디자인뿐만 아니라 제품의 제조 공정 프로세스까지도 직접 애플이 디자인해 위탁 업체에게 맡기는 프로세스를 도입했다. 이렇게 정교하게 설계된 프로세스들이 서로 맞물려 돌아가며 공급망 관리 혁신이라는 어마어마한 결과를 얻을 수 있었던 것이다.

팀 쿡과 같이 일했던 전 애플 글로벌 공급망 매니저 헬렌 왕은 팀 쿡의 경영 철학 중 그의 프로세스 중심적 사고방식에 대해 이렇게 말했다. "쿡은 애플이 문제에 접근하는 방식을 바꾸는 프로세스뿐만 아니라 우리가 일하는 방식과 기업문화를 바꾸는 여러 가지 프로세스를 만들었습니다."

그녀의 말처럼 실력 있는 오퍼레이터는 프로세스를 통해 회사를 성공적으로 운영하며 기업의 DNA와 문화를 바꾼다. 팀 쿡은 어느 회사 간담회에서 애플의 혁신성과 오퍼레이션의 우수성 그리고 직원들의 강한 오너십과 사내 협업 등 애플에 뿌리 깊게 자리 잡은 기업 가치들을 나열하며 "우리 회사에는 이러한 가치가 뿌리 깊게 자리 잡고 있기 때문에 누가 어떤 일을 하더라도 애플은 성공할 것입니다"라고 말한 바 있다.

이렇듯 강력한 기업 운영 프로세스는 대체 불가능한 회사를 만든다. 이것이 바로 팀 쿡이 애플에서 이룬 가장 큰 업적이다. 치밀하게 설계된 내부 프로세스는 프로세스를 따르는 것만으로도 혁신적인 제품, 빠르고 정확한 실행력, 직원들의 강한 오너십과 같은 엄청난 결과를 낼 수 있다. 그리고 이러한 결과가 축적되어 회사 내부에 깊이 뿌리내릴 때, 비로소 성공적인 기업 '문화'가 탄생한다. 이 같은 변화를 불러오는 프로세스야말로 진정한 혁신이며, 실력 있는 기업 오퍼레이터가 만들어내는 엄청난 결과다.

오퍼레이터 팀 쿡은 이러한 효과를 실제 기업 성과로 증명하며 오퍼레이션을 아주 '쿨한 것'으로 만들었다. 그가 애플의 오퍼레이터로서 증명한 프로세스의 힘이야말로 그의 경영 철학이 우리에게 전하는 가장 중요한 메시지가 아닐까 싶다.

# 비전과 프로세스의 균형, 영국 창업 경험에서 얻은 깨달음

## 큰 꿈을 가진 비저너리, 창업을 꿈꾸다

한때 나는 세상을 변화시키는 일을 하겠다는 큰 비전을 가진 스타트업 CEO였다. 대학 시절부터 창업 동아리에서 활동하며 세상을 바꾸는 기업들에 대한 동경과 열망이 가득했던 나는 언젠가는 나도 참신한 아이디어로 창업을 하겠다는 꿈을 늘 마음에 품고 있었다.

대학 졸업 후에는 영국의 투자전문 은행과 사모펀드에서 일하며 무수히 많은 기업의 경영진과 비즈니스 리더들을 만났다. 이러한 경험은 나의 기업가적 야망을 더욱 불태웠으며 언젠가는 나도 세상을 바꾸는 무언가를 만들어내겠다는 결심을 더욱 굳히게 만들었다.

그렇게 서른이 되던 해, 나는 마침내 창업에 뛰어들었다. 한국의 할부 금융을 영국 온라인 결제 시장에 접목하는 서비스를 만들어 영국 소비자 금융 시장의 판도를 바꿔보겠다는 큰 포부와 함께 시작한 일이었다. 나의 창업 아이디어는 2008년 금융 위기 당시, 영국의 소비자 금융 시장과 사용자 결제 패턴이 할부로 넘어가는 흐름을 포착한 것이 계기가 됐다. 이 서비스를 위해 철저한 시장 조사를 진행했고 1,000명 이상의 잠재 고객을 대상으로 포커스 그룹 인터뷰와 설문조사도 실시했다. 금융 애널리스트답게 20장이 넘는 비즈니스 플랜을 완벽하게 준비했고, 할부를 이용해 분할 결제를 할 수 있다는 의미에서 회사 이름을 '스프레딧Spreddit'으로 정했다.

지금 생각해보면, 고작 서른의 나이에 소비자 신용 금융 회사를 혼자 시작한다는 것은 꽤 무모하고 당돌한 일이었다. 그러나 기존 시장의 판도를 바꿔보겠다는 비전과 젊은 혈기로 무장한 나는 무서울 것이 없었다.

## 오퍼레이터 없이 떠난 험난한 여정

나는 서비스를 본격적으로 시작하기 위해 팀을 구성했다. 얼마 지나지 않아 골드만삭스와 UBS 등 유명한 회사 출신의 전문가들이 팀에

합류했다. 처음 만난 사람들이었지만 그들을 설득하는 데는 많은 시간이 걸리지 않았다. 내가 그들에게 들려준 회사의 비전이 꽤나 매력적이어서, 그들의 잠자고 있던 도전 정신과 열정을 불러일으키기 충분했기 때문이다.

나의 비전과 열정은 스타트업 커뮤니티의 이목을 끌었다. 스프레딧은 영국 스타트업 중 가장 혁신적인 회사로 이름을 올리기도 했고, 높은 경쟁률을 뚫고 유럽에서 가장 명망 높은 시드캠프 엑셀러레이터 프로그램에 선정되기도 했다. 나의 비저너리적 성향은 세이버Saber라는 회사에서 진행한 우리 팀 프로파일링에서도 가장 높은 비저너리 점수를 받으며 고스란히 드러났다.

그러나 나는 꿈과 희망을 설득력 있게 제시하는 비저너리로서는 두각을 나타냈으나 회사를 운영하는 데 필요한 오퍼레이터로서의 역량은 없었다. 더욱 큰 문제는 우리 팀에도 오퍼레이터의 역량을 갖춘 사람이 아무도 없었다는 것이다. 오퍼레이터가 없는 우리 회사는 결국 운영이 미숙한 회사가 겪는 악순환의 고리에 빠져들었다. 명확한 업무 목표를 세우고 이를 달성하기 위한 과정을 단계적으로 진행하기보다는 지금 당장 직면한 문제를 해결하는 데 급급했고, 중요한 결정을 내리는 내부 프로세스가 없어 목소리 큰 사람의 결정에 따르기 일쑤였다. 팀원들은 회사가 나아가야 할 방향에 대해 각자 다른 해석을 했고, 그렇게 내부 결속이 되지 않는 상황에서 배는 자꾸만 산으로 갔다. 다른 어떤 스타트업보다도 열심히 일하고 우리가 가진 모든 것을 회사에 쏟아부었지만 별다른 성과 없는 지지부진한 날들이 계속됐다.

이러한 상황이 지속되자, 사회적인 성공에 익숙했던 우리는 점차 좌절하기 시작했다. 팀원 모두가 좋은 의도를 가지고 정말 열심히 일했지만 오퍼레이터의 빈 자리를 채우기엔 역부족이었다.

### 지나고 나면 보이는 것들

돌이켜보면 회사 운영이 엉망이었던 우리에게 실패는 정해진 수순이었다. 2013년, 결국 우리는 사업을 접기로 결정했다. 폐업 후 나는 거의 일주일 동안 제대로 먹지 못했다. 참신한 사업 아이템, 철저한 비즈니스 플랜과 훌륭한 팀을 꾸리고도 실패했다는 자책감, 팀에게 실망을 안겨줬다는 미안함이 너무도 컸다. 나의 부족한 오퍼레이터 역량이 결국 우리 모두의 발목을 잡았다는 생각을 떨칠 수 없었다.

스프레딧은 지금까지도 나에게 씁쓸한 추억으로 남아 있다. 젊은 시절 열정과 패기에 관한 과거이자 상처를 준 기억이기 때문이다. 하지만 한편으로 그때의 경험은 오퍼레이터의 역할과 중요성에 대해 깊은 교훈을 주었다. 카리스마 넘치는 비저너리의 리더십도 중요하지만 회사를 안정적으로 이끌고 계획을 실현하는 오퍼레이터의 역할이 얼마나 중요하며 가치 있는지 그때 비로소 깨달았다.

이후 나는 비저너리가 아닌 오퍼레이터로서의 역량을 쌓아갔고, 지난 10년 동안 많은 변화를 겪었다. 비저너리 성향이 강한 내가 오퍼레이터 역량을 키우기란 결코 쉽지는 않았지만, 열심히 한 우물만 판 결과 성공적인 기업 운영에 대한 본질적인 이해와 방법을 터득할 수 있었다.

지금도 가끔씩 만약 10년 전 나에게 지금의 오퍼레이터 역량과 노하우가 있었다면 스프레딧의 결과가 어땠을까 생각해보곤 한다. 물론 많은 어려움과 고비가 있었겠지만 체계적인 프로세스를 도입해 회사를 운영했다면 지금의 어펌Affirm이나 클라나Klarna 같은 혁신적인 기업으로 성장할 수 있지 않았을까 하는 생각이 든다.

성공하는 기업은 비저너리와 오퍼레이터가 공존하며 함께 시너지를 발휘할 때 탄생한다. 세기의 경영자로 평가받는 제너럴 일렉트릭GE의 전 CEO, 잭 웰치Jack Welch가 강조한 것처럼 비전과 전략에 더해 실질적인 실행 능력을 갖춘 사람만큼 강력한 기업가는 없다. 실행이 뒷받침되지 않는 기업의 비전은 아름다운 환상에 불과하지만 비전을 현실로 만드는 오퍼레이터 역량이 뒷받침되는 기업은 세상을 바꿀 수 있다. 화려한 비저너리 스티브 잡스와 완벽한 오퍼레이터 팀 쿡이 만나 지구상에서 가장 가치 있는 기업을 만들어낸 것처럼 말이다.

# 급변하는 시대에 필요한 체계적 오퍼레이션의 힘

## 4차 산업혁명과 지속 가능한 성장의 조건

이 책은 지금 현재 일어나고 있는 급격한 기술적, 사회적, 문화적 변화의 정점에 서 있는 기업들을 염두에 둔 책으로, 오늘날 기업들이 마주한 시장의 변곡점을 현명하게 헤쳐나갈 수 있게 해주는 기업 오퍼레이션 방법론에 대한 내용을 담고 있다.

전 세계의 기업들의 역사적 흥망성쇠를 살펴보면 흥미로운 공통점을 발견할 수 있다. 바로 기업 환경의 급격한 변화를 몰고 온 시장의 변곡점을 넘어서지 못한 기업들은 하나같이 다 몰락했다는 사실이다.

시장의 판도를 뒤엎는 이러한 변곡점은 급격한 기술의 발전이나 사회적, 문화적 사건 또는 새로운 기술이나 고객 경험을 선보이는 강력한 경쟁 제품의 출현과 같이 시대의 흐름을 바꾸는 사건으로 인해 발생하며 한번 시작하면 그 변화의 속도가 가속화되는 양상을 보인다. 이러한 급격한 변화에 빠르게 대응하지 못하거나 부적절하게 대응한 기업들은 기업 규모와 산업 분야를 막론하고 결국 모두 쇠퇴하거나 파산했다. 한때 그 시장을 주름잡았던 선도 기업들, 예를 들면 과거 최고의 인터넷 기업이었던 야후, 휴대폰 시장을 선도했던 소니 에릭슨(소니 모바일 커뮤니케이션즈의 전신), 필름 산업의 선구자로 불리던 코닥 그리고 최근의 인텔을 보라. 시장의 거대한 변곡점 앞에서는 거대 기업들도 예외가 없다.

그리고 지금 우리는 시대의 큰 흐름을 뒤엎는 또 다른 변곡점을 맞이하고 있다. 1950~1999년까지 이어졌던 3차 산업혁명의 핵심 주제가 기술을 통한 자동화였다면, 기술의 지능화 혹은 스마트화로 대두되는 4차 산업혁명은 최근 몇 년간 이루어진 인공지능 기술의 놀라운 발전을 통해 현재로서는 상상할 수도 없는 큰 미래의 변화를 몰고 올 것이다.

뿐만 아니라 노동 인구의 세대 교체가 가속화됨에 따라 기업의 조직력에 영향을 끼칠 수밖에 없는 직장인들의 일에 대한 가치관 또한 빠르게 바뀌어 가고 있다. 또한 1990년대 중반 이후 출생한 디지털 네이티브 세대가 앞으로 기업들이 주력해야 할 핵심 고객층이 되면서 디지털 네이티브 세대만의 문화와 니즈를 정확하게 이해하고 발 빠르게 대응하는 것이 매우 중요해졌다.

요약하면, 이 시대를 살아가고 있는 기업들은 이와 같은 급격한 기술적, 사회적, 문화적 변화를 동시 다발적으로 겪고 있으며 앞으로 이 커다란 변곡점을 성공적으로 헤쳐나가는 혁신 기업만이 도태되지 않고 지속가능한 성장을 할 수 있다는 얘기다. 그렇다면 기업이 이러한 변화를 슬기롭게 극복하고 미래에도 지속 가능한 성장을 할 수 있으려면 어떻게 해야 할까?

## 혁신과 글로벌 DNA를 가진 그들은 무엇이 다른가?

흔히 말하는 실리콘밸리의 기술 기업들, 디지털 네이티브 기업들은 인터넷과 디지털 기술의 발전과 함께 태어난 기업들이다. 이들은 태생부터 빠르게 변화하는 디지털 환경에 노출되었기에 끊임없이 변화하는 시장에서 살아남기 위해 민첩하고 유연한 기업 운영 방식을 자연스럽게 내재화할 수밖에 없었다. 변화에 대응하는 능력은 그들에게 선택이 아니라 '생존'을 위한 필수 조건이었던 것이다.

그런 까닭에 태생이 디지털 네이티브인 실리콘밸리 기업들이 가진 '혁신'에 대한 위기의식, 다시 말해 새로운 고객 경험과 새로운 시장을 꾸준히 창출해내는 일에 대한 절박함은 일반적인 기업에서는 가히 상상도 하지 못할 만큼 매우 강렬하다. 혁신을 지속하지 않으면 또 다른 경쟁자들이 빠르게 추격하여 그들의 생존을 위협할 수 있기에 이들 기술 기업의 DNA와 기업 운영 철학에는 혁신이 매우 뿌리 깊게 자리 잡고 있다(참고로 아마존처럼 태생이 디지털 네이티브 기업들은 주 산업 분야가 유통이든 금융이든 상관없이, 자신들을 '기술 기업'이라고 정의한다. 이들의 사업 모델이 이미 디지털 플랫폼이라는 온라인 생태계 안에서부터 출발했기 때문이다).

뿐만 아니라 태생이 디지털 네이티브인 기업들은 별도의 글로벌 전략 없이 회사 초기부터 글로벌 서비스를 운영하는 기업 환경에 자연스레 놓이게 된다. 인터넷만 있으면 어디서든 접근할 수 있는 디지털 산업의 특성 때문이다. 기업의 탄생 초기부터 글로벌 서비스를 운영하는 디지털 네이티브 회사들은 미국, 유럽, 인도 등 전 세계 각국에서 일하는 직원들을 일괄적으로 관리할 수 있는 체계적인 메커니즘을 사용한다. 글로벌 서비스의 사용자경험과 표준이 어느 특정 국가에서 일하는 현지 리더의 경영 능력이나 현지 직원들의 업무 역량에 따라 달라져서는 안 되기 때문이다.

뿐만 아니라 한번 시스템을 구축하면 확장성 있게 가치 창출을 할 수 있는 디지털 사업의 특성상, 이들 기업들에게 '확장성'이라는 개념은 매우 핵심적인 기업가치 중 하나다. 따라서 그들은 조직을 운영하고 관리할 때도 이러한 철학을 고스란히 반영해 운영한다.

예를 들어, 본사 직원을 파견하여 전 세계에 있는 직원들을 일일이 관리하는 운영 방식처럼 '사람'에게 전적으로 의존하는 방법은 기업의 운영 효율성과 확장성이 현저히 떨어지는 조직 관리 방식이므로 사용하지 않는다. 대신 한번 구축하면 전 세계 모든 사용자나 직원들에게 일괄적으로 적용할 수 있는 프로세스 기반의 기업 운영 방식을 꼼꼼하게 설계하고 이를 지속적으로 개선해나간다. 이것이 바로 디지털 네이티브 기업들이 글로벌 규모로 기업을 운영하는 방식이다.

이처럼 디지털 네이티브로 태어난 실리콘밸리의 기업들의 운영 철학과 내부 운용 시스템은 전통적인 기업과는 근본적으로 다르게 설계되어 있다. 지금 우리가 이러한 디지털 네이티브 기업들의 오퍼레이션 방식을 눈여겨보는 이유는 현재 AI를 필두로 한 최첨단 기술 혁신과 기업 환경의 글로벌화가 산업 전반에 걸쳐 급격한 변화를 몰고 오는 전례 없는 기업 환경이 만들어졌기 때문이다.

이미 빠르게 진보하는 기술을 중심으로 성장한 디지털 네이티브 기업들은 이러한 기업 환경에 유연하게 대응할 수 있는 체계적인 기업 오퍼레이션 시스템을 내재화하고 있다. 이런 상황에서 아직도 여전히 전통적인 기업 운영 방식을 고수하면서 부분적으로만 DX를 도입하는 기업들은 급격한 변화의 속도를 따라가지 못하고 점점 더 뒤처질 수밖에 없다. 디지털 네이티브가 아닌 전통적인 기업들의 운영 방식은 최첨단 기술이 주도하는 4차 산업혁명 시대의 VUCA, 즉 변동성이 높고 Volatility, 불확실하며 Uncertainty, 복잡하고 Complexity, 모호한 Ambiguity 기업 환경을 헤쳐나가기에 최적화되어 있지 않기 때문이다.

따라서 앞으로는 기술이 발전하는 속도뿐만 아니라 기업의 글로벌화가 점점 더 가속화되면서 이러한 기업 환경에 최적화된 또 다른 오퍼레이션 방식을 모색해볼 필요가 있다. 특히 급격한 환경 변화가 진행되는 지금과 같은 시기에는 이미 이러한 환경에서 태동한 디지털 네이티브 기업들의 오퍼레이션 방식을 자세히 살펴보고, 그들이 왜 이렇게 기업을 운영하고 있는지 그 이유 또한 면밀하게 따져봐야 한다.

# 오퍼레이션 시스템을 지탱하는 두 개의 축, 고객 중심과 조직력 강화

## 디지털 네이티브 기업들의 특별한 운영 철학

전 세계적으로 성공한 실리콘밸리 디지털 네이티브 기업들은 이미 '기업 환경의 디지털화'라는 급격한 산업의 변화를 주도해온 장본인들로서, 빠르게 변화하는 기업 환경에 유연하게 대응할 수 있는 체계적인 기업 오퍼레이션 시스템을 운영하고 있다.

이들의 기업 오퍼레이션 방식은 '고객 중심'과 '조직력 강화'라는 두 가지를 핵심 축으로 삼아 체계적인 메커니즘과 프로세스에 따라 지속적으로 실행하도록 설계되어 있는데, 이는 빠르게 변화하는 시장에서 혁신을 주도하고 실행력을 높이는 핵심 동력으로 작용한다.

고객 중심은 시장이 어떻게 변하더라도 기업이 변화에 항상 올바르게 대응할 수 있는 명확한 방향성을 제시한다. 아마존의 창업자인 제프 베이조스는 기업의 경영 전략은 변하지 않는 것에 토대를 두어야 한다고, 다시 말해 세상이 어떻게 변하든 '고객이 원하는 가치'를 제공한다면 고객은 외면하지 않는다고 말한 바 있다.

이처럼 시대가 빠르게 변화할수록 그 변화의 방향과 결과를 예측하려 하기보다는 어떠한 상황에서도 '고객이 무엇을 필요로 할지'에 더욱 집중해야 한다. 예컨대, 인공지능 기술이 급격하게 발전한다고 해서 이 기술을 사용하여 '무엇'을 만들어야 하는가를 예측하려고 해선 안 된다. 그보다는 이 기술을 사용하여 고객의 어떠한 '문제를 해결'할 것인가를 고민해야 한다.

고객에 집중하지 않고 빠르게 변화하는 기술이나 최신 트렌드만 쫓는 제품은 결국 실패한다. 역사 속으로 사라진 많은 최첨단 제품들이 이를 증명한다. 대표적으로 2014년 구글이 야심 차게 준비한 구글 글래스는 당시 최첨단 미래 기술로 주목받았던 AR(증강현실) 기술을 매우 성공적으로 구현했으나 결국 시장에서 외면받았다. 당시 가장 센세이셔널한 기술을 매우 성공적으로 구현했음에도 고객이 이 제품을 외면했던 이유는 명확했다. '어떤 문제를 해결해주는가'에 대한 납득할 만한 답을 제시하지 못했기 때문이다. 고객이 원하는 가치를 제공하지 않는 제품은 제아무리 기술적으로 뛰어난 제품이라도 결국 시장에서 외면당할 수밖에 없다는 사실을 잊지 말아야 한다.

또한 이들 기업이 말하는 고객 중심이란 단순히 고객의 요구를 들어주거나 고객 만족을 추구하는 것이 아니라, 고객이 문제를 문제라고 미처 인지하기도 전에 이에 대한 완벽한 솔루션을 도출하는 것이다. 실리콘밸리 기업들이 추구하는 이러한 의미의 고객 중심은 빠르게 변화하는 환경 속에서 고객이 겪는 새로운 문제를 기업이 먼저 포착하고 해결함으로써, 새로운 시장을 개척하고 새로운 가치를 창출하는 혁신을 탄생시킨다. 이들 기업들이 만들어내는 제품과 서비스가 바로 무(기존에 없던 시장)에서 유(새로운 시장)를 창출하는 '수직적 진보'를 하는 제품인 것이다. 이는 페이팔의 공동 창업자이자 팰런티어 테크놀로지 Palantir Technologies의 대표인 피터 틸 Peter Thiel이 그의 저서 《제로 투 원》에서 강조한 내용으로, 기존에 없던 시장을 창출하고 완전히 새로운 가치를 만들어내는 혁신적 발전을 의미한다.

## 수직적 진보와 고객 중심 경영

기술이 빠르게 진보하는 환경에서 이러한 의미의 고객 중심 경영은 오늘날 기업의 생존을 좌우할 만큼 매우 시급한 과제로 떠올랐다. 지금처럼 기술이 빠르게 발전하는 상황에서는 더 이상 고객이 원하는 것을 물어보고 그것을 제공하는 '고객(의 욕구) 만족'에 치중하는 기업은 뒤처질 수밖에 없다. AI가 앞으로의 세상을 어떻게 바꿀지 잘 모르는 고객은 자신이 무엇을 원하는지 혹은 원하게 될 지조차 알지 못하기 때문이다.

이러한 환경에서 현재 대부분의 기업에서 하고 있는 고객 집중적인 제품 기획 방식, 예를 들어 고객을 심층적으로 인터뷰하거나 다양한 시장조사를 통해 타 경쟁 제품과의 차별화를 추구하는 제품 전략은 더 이상 기업의 지속 가능한 성장을 담보하지 못한다. 오히려 빠르게 변화하는 시장에서 도태될 위험을 앞당길 뿐이다. 이러한 제품 기획 방식은 고객의 현재 욕구를 충족시키는 데 초점이 맞춰져 있기에 고객이 스스로 인지하지 못한 잠재적 문제를 해결하거나 새로운 시장을 창출하는 혁신적인 제품과 서비스를 만들어내는 데 한계가 있다.

아울러, 실리콘밸리의 선도 기업들이 추구하는 고객 중심은 0에서 1을 창출하는 '수직적 진보'를 하는 제품을 만들어내는 반면, 고객의 현재 욕구 만족에만 집중하는 기업은 이미 존재하는 시장에서의 다양한 옵션을 만들어내는, 즉 1에서 n으로 확장하는 수평적 진보에 머무르는 제품과 서비스를 만들어낸다.

수평적 진보를 하는 제품은 기존 시장의 다른 제품들과 치열한 경쟁을 벌이며 시장점유율을 확보하기 위한 '치킨 게임'에 뛰어드는 제품이다. 과거에는 기업이 이러한 제품과 서비스를 출시하더라도, 기업의 생존이 위협받는 일은 상대적으로 드물었다. 오프라인 중심의 기업 환경에서는 시장 진입 장벽이 상대적으로 높은 까닭에, 이러한 치킨 게임에 자발적으로 참여하는 회사의 모수가 비교적 한정적이었기 때문이다.

하지만 지금은 상황이 다르다. 디지털 퍼스트로 탈바꿈된 기업 환경과 글로벌화가 기존 시장의 진입 장벽과 경계를 허물면서, 시장 경쟁의 강도를 더욱 격화시켰다. 이러한 기업 환경의 변화를 잘 보여주는 사례로는 막대한 기술력과 자본을 바탕으로 글로벌 시장을 공략하는 중국의 알리바바와 테무가 있다. 이들은 국내 시장뿐만 아니라 미국과 유럽 시장까지 진출하며 영향력을 확대하고 있다. 이로 인해 이커머스 플랫폼 간의 출혈 경쟁을 부추기는 시장 경쟁은 더욱 가속화될 것이며, 결국 가격 경쟁의 격화와 마케팅 비용 증가로 인해 모든 기업의 수익성 악화는 불가피해질 것이다. 즉, 현재 우리가 마주한 기업 환경의 급격한 변화로 인해 수평적 진보에 머무는 기업들은 지속 가능한 성장은 물론이고 궁극적으로는 기업의 생존 여부가 위협받게 되는 위험한 상황에 놓이게 된 것이다.

## 강한 조직문화의 본질은 빠른 대응 능력

기업의 조직력 강화도 앞으로 우리 기업들이 해결해야 할 중요한 문제 중 하나다. 특히, 주 노동 인구의 세대 교체가 빠르게 진행되면서 조직 공동체에 충성하는 기업문화의 쇠퇴와 직원 개개인의 자율성이 더 중요시되고 존중받는 분위기에서의 조직력 강화는 매우 신중한 전략적 접근이 필요하다.

전 세계적으로 성공한 실리콘밸리 기술 기업들이 생각하는 조직력 강화의 목적은 매우 명확하다. 바로 어떠한 상황에서도 빠른 실행을 위한 유연하고 긴밀한 내부 결속력을 유지하는 체계를 구축하는 것이다. 이는 자유로운 소통이나 사내 복지 등으로 '직원들의 업무 만족도'를 높이려 하는 국내 기업들과는 본질적으로 다른 접근이다. 실리콘밸리 기업들이 구축하고자 하는 강한 조직문화의 본질은 빠르게 변화하는 상황에서의 '조직의 대응 능력'을 강화하는 것이기 때문이다.

이러한 의미에서의 강한 조직문화는 조직이 급격한 변화에 민첩하게 대응할 수 있는 힘, 즉 강한 실행력을 제공한다. 시시각각 변화하는 기업 환경에서 하나의 목표를 향해 일사분란하게 움직일 수 있는 조직력은 매우 중요하고 결정적인 문제다. 빠르게 치고 빠지는 게릴라전에서 내부 단결이 안 되고 실행과 스피드가 처지는 오합지 줄을 가지고 승리하기를 기대한다면 큰 오산이다.

  팀원 각자가 오너십을 가지고 공동의 목표를 향해 한 방향으로 일사불란하게 움직일 때만이 빠른 실행력과 단합력을 가진 조직이 탄생할 수 있다. 이를 위해 기업이 마땅히 해야 할 일은 팀원이 빠르게 일을 실행할 수 있는 업무 체계와 환경을 조성하고, 팀원 각자가 오너십을 발휘할 수 있도록 동기를 부여하는 조직문화와 평가, 보상 체계를 수립하는 것이다.

  이처럼 고객 중심과 조직력 강화는 어떠한 상황에서도 기업이 올바른 의사결정을 내리고 빠르게 실행할 수 있는 기업 내부의 변화를 이끌어낸다. 그리고 이러한 기업 내부의 변화는 어떤 시대의 변곡점이 닥쳐오든 결국 성공할 수밖에 없는 탄탄한 조직문화를 가진 기업을 만들어낸다.

# 기업의 '승리 습관'을 구축하는 프로세스의 힘

## 빠르고 정확하게 일관된 결과를 얻는 법

제프 베이조스는 "기업 운영은 '좋은 의도'만이 아닌 목표한 바를 달성하도록 설계된 '체계적인 운영 메커니즘' 속에서만 가능하다"고 말했다. 그의 말처럼 기업이 목표한 바를 달성하려면 그 목표 달성을 위한 체계적인 메커니즘과 프로세스를 설계하고 이를 꾸준히 지속하는 것이 중요하다.

고객 중심과 조직력 강화도 마찬가지다. 기업 리더가 연초에 한 번 있는 연례행사에서 고객 중심을 아무리 강조해도 조직이 하루아침에 고객 중심적으로 사고하고 고객 중심적인 제품과 서비스를 만들어낼 수는 없다. 마찬가지로 조직문화 팀을 신설해놓고 조직력이 강화되기를 기대하기보다는 조직력을 강화할 수 있는 체계적인 내부 시스템과 프로세스를 설계하는 것이 먼저다.

바로 그런 이유로 성공한 실리콘밸리의 디지털 네이티브 기업들이 메커니즘 중심의 기업 운영을 하는 것이다. 목표 달성을 위한 세부적인 프로세스를 설계하고 체계적인 메커니즘을 구축해 조직의 성과가 일회성이 아닌 지속적으로 이어질 수 있도록 한다.

메커니즘 중심의 운영을 하려면 프로세스가 매우 중요하다. 프로세스란 어떤 목적을 달성하기 위해 취해야 할 일련의 행동과 일의 순서를 단계별로 나열한 것을 뜻한다. 잘 설계된 프로세스는 달성하고자 하는 목표가 분명하고, 그 목표를 가장 빠르고 효율적으로 달성하도록 하는 일의 순서가 명확하며, 정해진 순서에 따라 일을 진행하면 달성하고자 하는 특정 결과를 매번 도출해낸다. 즉, 잘 설계된 프로세스는 누가 그 일을 하느냐에 상관없이 늘 일관성 있는 결과를 빠르고 정확하게 이끌어낸다. 또한 이 프로세스를 따르는 행동이 오랫동안 되풀이되어 규칙처럼 되어버리면, 그 행동 양식은 습관이 된다.

경영 관리 도구로서 프로세스는 확장성이 매우 뛰어난 것도 장점이다. 프로세스는 미국 기업이든 한국 기업이든 기업이 속한 특정 국가나 지역, 언어나 문화에 구애받지 않으며, 사무실에 출근하는 근무 형태든 원격 근무든 모든 업무 형태를 지원한다. 또한 직원이 열 명이든 백만 명이든 조직의 규모와 상관없이 일괄적으로 적용하여 매번 동일한 결과를 낼 수 있다. 그런 까닭에 프로세스는 빠르게 성장하는 기업이나 해외로 진출해 글로벌 운영 전략이 필요한 기업 그리고 분산된 조직 형태로 일하는 기업들에게 가장 효율적이며 확장성 높은 경영 관리 수단을 제공한다.

프로세스의 또 다른 장점은 조직의 역량을 꾸준하게 강화시키는 행동 양식을 축적해 일회성의 반짝 성과가 아닌 장기적인 성공에 필요한 기반을 구축하게 해준다는 점이다. 고객 중심적인 제품을 만들도록 잘 설계된 프로세스를 따라 제품과 서비스를 기획하게 되면 어느새 이러한 행동 양식이 기업 내부에 차곡차곡 쌓이게 된다. 그리고 이렇게 축적된 행동 양식은 조직의 습관으로 굳어져 혁신적이며 고객의 사랑을 받는 제품과 서비스를 지속적으로 출시할 수 있도록 만든다.

미국의 유명 미식축구 코치이자 그린베이 패커스 감독으로 큰 활약을 한 빈스 롬바르디 Vince Lombardi 는 경기에서 승리하려면 승리에 필요한 모든 일을 어쩌다 한 번 하는 팀이 아니라, 늘 꾸준하게 하는 팀이 되어야 함을 강조하며 '승리는 습관 winning is a habit'이라는 유명한 말을 남겼다. 경쟁이 치열한 기업 환경에서 승리한 실리콘밸리의 기업들 또한 체계적인 프로세스를 통해 늘 꾸준하게 실행하는 그들만의 성공 습관을 가지고 있다. 고객 중심적인 제품과 서비스를 만들고, 빠르게 실행하고, 뚜렷한 목적의식을 가지고 업무를 진취적으로 수행하는 것 모두 그러한 성공 습관이 가져온 결과물이라고 할 수 있다. 개인의 성공 습관을 만드는 가장 과학적인 방법이 행동 프로세스인 것처럼 조직의 성공 습관도 프로세스를 통해 만들어진다.

## 고객 중심과 조직력 강화를 위한
## 프로세스 설계 방법

많은 실리콘밸리 기업이 채택하고 있는 프로세스 중심의 운영은 기업이 목표로 하는 성과를 달성하기 위해 필요한 여러 요건들을 정확히 이해하는 데서부터 출발한다. 예를 들어 기업의 목표가 성공적인 제품과 서비스를 만드는 것이라면, 이 목표를 매번 달성하기 위해 필요한 필수 조건이 무엇인지 정확하게 이해하고, 이를 기업 내부적으로 프로세스화할 수 있는 체계적인 메커니즘을 구현하는 것이다.

실리콘밸리 기업들의 성공을 이끄는 핵심 경영 전략의 두 축, '혁신적인 제품 출시'와 '조직력 강화'를 가능하게 해주는 세 가지 스탠더드 오퍼레이팅 프로세스(이하 SOP)는 다음과 같다.

### 혁신적인 제품과 서비스를 만드는 제품 기획 SOP

위대한 기업을 만드는 제품은 완전히 새로운 시장을 창출하고, 기업으로 하여금 그 시장에서의 독보적인 우위를 확보할 수 있게 해주는 혁신적인 제품이다. 역사상 가장 혁명적인 기업가 중 한 명으로 손꼽히는 피터 틸 또한 《제로 투 원》에서 이러한 '창조적 혁신'의 중요성을 강조하고 있다. 그가 말하는 혁신적인 제품은 기업이 기존 시장의 경쟁 구도에서 벗어나 새로운 시장을 창출하고, 그 시장에서의 독점적인 위치를 선점할 수 있게 하는 강력한 기업 경쟁력을 제공하는 제품이다.

이러한 의미의 창조적 혁신을 이끌어내는 원동력이 바로 '고객 중심'이다. 고객이 필요로 하는 것을 제공하는 고객 중심적인 제품 기획은 고객의 문제를 완벽히 파괴하고 이전과는 전혀 다른 새로운 고객 경험과 가치를 창출함으로써 성공적인 기업을 만드는 창조적 혁신을 이끌어낸다.

그래서 전 세계적으로 성공한 많은 실리콘밸리의 기업들은 제품의 혁신성과 시장성이라는 두 마리 토끼를 다 잡을 수 있는 체계적인 제품 기획 프로세스를 만들어 운영한다. 이들 기업은 제품을 기획하는 직원들에게 고객 중심적 사고를 할 수 있는 프레임워크를 제공하여 고객이 절실히 필요로 하는 제품만을 구상할 수 있도록 하고, 기업 가치를 극대화할 수 있는 제품만을 선택적으로 개발하여 시장에서 성공하는 제품을 만들고 기업의 운영 효율성을 높인다.

혁신적인 제품과 서비스 출시를 위한 SOP는 기획 단계에서부터 혁신성이 최우선이 되도록 고안된 고객 중심적인 사고 프레임워크와 제품 출시의 타당성 여부를 객관적으로 평가하여 올바른 제품 출시 결정을 내릴 수 있도록 설계된 내부 프로세스 운용으로 구성된다. 뒤에 나올 2장에서 고객 중심적 사고의 프레임워크를 비롯해 프로세스의 가치와 기능, 주 역할에 대해 자세히 살펴볼 예정이다. 이와 더불어 표준 템플릿과 이러한 제품 기획 프로세스를 제대로 운영하는 방식에 대해서도 함께 짚어볼 것이다.

**민첩하게 움직이는 조직을 만드는 애자일 업무 관리 SOP**

상사가 직원에게 약속한 마감일을 지키라고 매번 업무 지시를 하고 챙겨야 하는 업무 관리 형태는 확장성이 떨어지는 관리 방식이다. 실리콘밸리의 선도 기술 기업들은 조직적이고 체계적이며 확장성 높은 애자일 업무 관리 방식을 사용하여 조직의 실행을 빠르게 한다.

'애자일'이라는 명칭 때문에 기술 기업과 개발 조직에만 적용 가능한 업무 방식이라고 오해하는 독자들도 있을 것 같다. 그러나 이 책에서 소개할 애자일 업무 관리 프로세스는 특정 산업 분야나 조직과는 무관하게 일괄적으로 적용될 수 있는 매우 일반적인 업무 관리법이다. 이 프로세스는 업무의 처리 순서를 목표 달성 시점부터 시작해 거꾸로 계획하고, 업무 진행을 더디게 할 수 있는 문제들을 사전에 파악하여 미연에 방지할 수 있도록 하는 여러 기능을 제공한다. 그리고 그 결과 조직의 실행 속도를 빠르게 한다.

하드웨어(기계)나 소프트웨어(시스템)는 그 안에 탑재된 다양한 부품과 세부 시스템이 계획된 순서대로 차례로 작동하며 유기적으로 돌아갈 때 제대로 된 기능을 수행할 수 있다. 어느 한 부품이나 세부 시스템에 오작동이 날 경우, 그다음 작업을 수행하는 부품이나 시스템은 작동을 할 수 없게 된다. 결국 그 기계는 작동을 멈추고 시스템은 마비되어버린다.

실리콘밸리의 성공한 기술 기업들은 이미 오래전부터 이러한 기계적이고 순차적인 일 처리의 중요성을 이해하고, 업무를 마비시키는 문제의 원인을 빠르게 파악하고 해결하는 방법을 깊이 고민해왔다. 그리하여 개발 업무뿐만 아니라 기업의 모든 업무를 빠르게 하기 위해 이들 개발 문화에서 따온 애자일 업무 관리 프로세스를 도입하여 운영하고 있다.

실리콘밸리 기업들은 대부분이 인도와 캐나다, 유럽 등 세계 각국에 미국 본사와 협업하는 조직을 거느리고 있다. 이들 기업이 고안한 애자일 업무 관리 프로세스는 지리적으로 분산된 팀처럼 상사가 바로 옆에 붙어서 업무 지시를 할 수 없는 조직의 실행을 빠르게 하도록 설계되어 있다. 원래 행동이 빠른 직원이든 느린 직원이든, 상사가 일일이 챙기지 않아도 잘하는 직원이든 그렇지 않은 직원이든, 본사 직원이든 본사와 멀리 떨어진 곳에서 일하는 직원이든, 조직의 업무 처리 속도를 체계적으로 높여주는 업무 관리 프로세스를 운영함으로써 조직의 실행을 빠르게 하는 전술이다.

3장에서 조직의 실행을 강화하는 애자일 업무 관리 프로세스를 보다 더 자세히 설명하고, 표준 템플릿 사용 방법, 템플릿을 사용하여 주간 회의를 운영하는 방식에 대해 알아볼 것이다.

### 진취적이고 강한 조직문화를 만드는 SOP

강한 조직문화로 유명한 기업을 꼽으라면 아마존을 빼놓을 수 없다. 아마존에 이 같은 강한 조직문화가 자리 잡을 수 있었던 배경에는 아마존만의 특별한 조직문화 SOP가 존재했기 때문이다.

강한 조직문화를 만드는 아마존의 SOP는 두 가지로 구성된다. 첫째는 진취적인 성향을 가진 직원들만 뽑는 채용 방식이다. 한마디로 대기업 직원을 채용한다기보다 스타트업 CEO처럼 행동하고 능동적으로 일하는 사람들만 뽑는 것이다. 둘째는 고객 제일주의 원칙이다. 이 원칙을 통해 모든 프로세스에 고객 중심이라는 뚜렷한 목적의식을 부여하여 업무 오너십과 조직의 결속력을 높인다.

지원자의 진취적인 성향을 파악할 수 있는 행동사건면접Behavioral

Event Interview에 기반한 채용 방식과 고객 제일주의를 실행하는 조직을 만드는 프로세스는 4장에서 자세히 설명하고 있다. 또한 '아마존이니까 다 가능한 일 아니겠어'라고 생각하는 독자들을 위해 능동적인 아마존의 조직문화를 만드는 SOP를 그대로 적용하여 아마존에 대적할 정도의 강한 조직문화를 갖게 된 스타트업 츄이의 성공 사례도 함께 소개한다.

## 프로세스 도입 기대 효과

이 책이 소개하는 프로세스를 도입했을 때, 가장 먼저 기대해볼 수 있는 효과는 조직 구성원들이 체감하는 조직의 변화다. 조직의 근본 DNA가 고객 중심으로 바뀌고, 업무 속도가 빨라지며, 탄탄한 조직문화를 토대로 강력한 조직력을 발휘하게 만드는 것이 이 책에서 소개하는 각 프로세스의 역할이자 시너지 효과다.

또한 이러한 변화는 측정 가능한 것으로, 조직 구성원들을 대상으로 다음과 같은 프로세스 도입 전과 후의 설문 조사를 통해 그 효과를 측정해볼 수 있다.

- 우리 기업이 내리는 결정은 고객을 최우선으로 하는 결정인가?

- 우리 조직(팀, 부서)이 내리는 결정은 고객 중심적인가?
- 우리 기업은 '고객 집중'이 아닌, '고객 중심적'인 제품과 서비스를 만드는 기업인가?(고객 집중과 고객 중심의 차이는 2장에서 자세히 살펴볼 것이다)
- 우리 기업이 출시한 제품과 서비스는 고객에게 우리 회사의 가치를 잘 전달하고 있는가? 고객의 피드백은 이에 상응하는가?
- 우리 조직의 업무 처리 속도는 빨라졌는가?
- 우리 조직의 실행력은 빨라졌는가?
- 우리 조직은 공동의 목표를 향해 한 방향으로 일사불란하게 움직이는 조직인가?
- 우리 조직의 내부 단결은 강해졌는가?
- 우리 회사는 각 조직 구성원들이 강한 업무 오너십을 발휘할 수 있도록 적극적으로 지원하는가?
- 채용 프로세스 도입 후, 신규 채용한 사원들은 기존 조직 구성원 대비 더 강한 업무 오너십을 가진 직원들인가?

장기적인 관점에서 이러한 조직의 변화는 기업의 거시적 성과로 이어질 수밖에 없다. 이러한 조직을 가진 기업은 예전보다 더욱 혁신적인 제품과 서비스를 만들어내고, 목표한 바를 이전보다 훨씬 더 빨리 달성하며, 어떠한 위기 상황에서도 강한 내부 결속을 뽐내고, 공동의 목표를 이뤄내고야 마는 기업이 되기 때문이다. 그리고 이러한 결과는 일회성이 아닌 조직이 매번 하는 습관으로 굳어진다. 기업이 프로세스를 꾸준히 실행에 옮길 때 지속 가능한 결과를 기대해볼 수 있는 이유가 바로 여기에 있다.

# 그들만의 프로세스가 아닌 모두를 위한 프로세스가 되려면

## 스타트업에도 적용 가능한 아마존의 방식

내가 가장 최근에 근무했던 곳은 미국 시애틀에 있는 아마존이다. 그전에는 실리콘밸리에 위치한 현대캐피탈 산하의 디지털 캠프에서 근무했다. 덕분에 디지털 혁신을 벤치마킹하고 협업한다는 명목하에 실리콘밸리의 기술 기업들이 회사를 운영하는 방식을 면밀히 관찰하고 들여다볼 수 있었다.

내가 미국에서 일하며 가장 주의 깊게 들여다본 부분은 그들의 내부 운영 방식이었다. 특히, 조직이 최고의 성과를 낼 수 있도록 직원들의 업무 방식 하나하나를 다 표준화하고 프로세스화시킨 점이 매우 인상 깊었다.

구글, 애플, 아마존, 메타 등 미국 4대 기술 기업의 총 직원 수가 100만 명이 넘는 것을 감안하면, 이렇게 많은 사람들을 관리하면서 조직의 업무 효율성을 보장하려면 선택의 여지가 없었을 거라는 생각도 든다. 하지만 직원들이 스스로 알아서 잘하기를 바라기보다 기업이 먼저 나서서 직원들의 업무 효율성을 높여주는 프로세스를 고안하고 운영하는 방식은 내게 매우 매력적으로 느껴졌다. 실제 아마존에서 그 프로세스의 위력을 제대로 경험하기도 했고 말이다.

내가 아마존에서 경험한 프로세스의 힘은 실로 놀라웠다. 나는 본래 성향이 무언가 루틴을 만들어 규칙적으로 사는 사람이 아니다. 거의 모든 업무 방식이 프로세스화되어 있는 아마존의 업무 방식에 처음엔 갑갑함을 느꼈던 것도 사실이다. 내가 이제까지 해오던 자유롭지만 책임감 있는 방식과 아마존의 업무 방식이 많이 달라서 입사하고 6개월 동안은 많이 힘들었다.

하지만 아마존에서 프로세스의 위력을 체험한 후 내 성향은 180도 바뀌었다. 그렇게도 루틴 만들기를 싫어하던 내가 이제는 프로세스 예찬론자가 됐다고 해도 과언이 아니다.

내가 처음 싱글 스레드 리더 Single Threaded Leader(한 명의 리더에게 겸임 없이 하나의 목표를 주고 이를 달성하도록 하는 아마존의 조직 구조)로서 진행한 첫 프로젝트는 조직 내부에서 관여하는 인원도 많고, 내용도

굉장히 복잡할 뿐만 아니라 일정도 촉박해 도저히 정해진 마감일까지 끝낼 수 없을 것 같은 일이었다. 하지만 정해진 내부 프로토콜과 프로세스를 따라 업무를 진행하다 보니 어느새 약속한 마감일까지 프로젝트를 끝낼 수 있었다.

프로젝트 마감뿐만 아니라 서비스를 기획하는 데 있어서도 프로세스의 힘은 무척 강력했다. 내가 잘나서 획기적인 아이디어로 서비스를 기획한 것이 아니라 프로세스를 따라 하다 보니 어느새 내가 기획한 서비스가 혁신적인 글로벌 기준이 되어 있었다.

아마존이 강조하는 고객 제일주의도 처음에는 잘 이해하지 못했다. 나와 같이 일하는 동료들이 눈을 동그랗게 뜨고 '이 방법이 고객을 위한 최선의 선택이야?' 내지는 '지금 우리 고객이 불편함을 겪고 있으니 문제를 좀 빨리 해결해주면 좋겠어'라는 식으로 말할 때마다 왠지 모르게 어색하게 느껴졌다. 하지만 6개월이 지나고 난 후, 나도 업무와 관련된 대화에 이러한 말을 조금씩 사용하기 시작했다. 그리고 1년이 지나자 나도 모르게 '아마조니언'이 되어 그들과 똑같이 말하고 있었다. 아마존의 고객 제일주의 프로세스에 녹아들다 보니 어느새 그렇게 변한 것이다.

이러한 경험이 한두 개씩 쌓이다 보니, 조직을 근본적으로 혁신하여 최고의 성과를 내도록 하는 것이 프로세스 중심 경영 방식의 주된 목적이라는 것을 깨닫게 됐다.

전 세계적으로 100만 명이 넘는 직원을 고용하는 아마존에서 어느 한 개인의 역량에 의존하여 업무 성과가 나오길 바라는 것만큼 위험한 경영 전략은 없다. 바로 그런 이유로 많은 선도적인 기업들이 회사에 어떤 직원이 들어오든 좋은 성과를 내도록 하는 내부 운영 시스템을 고안하고 꾸준히 운영하는 것이다. 그리고 이 같은 결과가 기업 내부에서 축적되면, 그 조직은 어떤 일을 하더라도 뛰어난 성과를 내는 경쟁력 있는 조직으로 탈바꿈한다. 이러한 조직들이 모여 있는 기업은 결국 성공할 수밖에 없다는 것이 내가 아마존에서 일하며 얻은 가장 큰 교훈이다. 이러한 결과를 내는 것이 프로세스 중심 경영 방식의 참된 가치이지 않을까 싶다.

사실 나는 이 프로세스 중심의 경영 방식을 내가 엔젤 투자자로 참여한 테라펀딩이라는 국내 스타트업에 약 9개월간 적용하여 운영해본 경험이 있다. 내가 경험한 프로세스 중심의 기업 운영 방식이 어느 기업이든 관계없이 그 조직을 혁신하여 성과를 낼 수 있다는 점을 입증하고 싶었기 때문이다. 또한 아무리 좋은 운영 방식이라도 '그건 아마존이니까 가능한 얘기지' 같은 회의적인 시선을 정면 돌파하기 위해서는 내가 직접 이 방식을 국내 기업, 국내 조직을 대상으로 운영해보는 수밖에 없다고 생각했다. 그리고 그 결과 국내 기업 환경에서도 프로세스 중심의 경영 방식이 충분히 조직을 혁신하여 성과를 낼 수 있다는 나의 가설을 검증할 수 있었다.

실제 테라펀딩의 팀원들은 내가 이 책에서 소개한 여러 내부 운용 프로세스를 매우 잘 따랐으며, 특히나 개발팀은 애자일 업무 관리 방식 덕분에 시스템 구축에 걸리는 시간을 30퍼센트 단축시킬 수 있었다.

프로세스 도입 초반과 비교하여 후반에 보인 직원들의 반응의 변화도 매우 흥미로웠다. 프로세스 도입 초반에는 왜 이렇게 업무를 해야 하는지에 대한 의구심과 부정적인 시각이 압도적이었다면, 프로세스 운영 약 3개월 후에는 업무 처리의 우선순위에 대해 명확하게 알 수 있어서 좋다, 누가 무슨 일을 하는지에 대한 업무의 투명성이 생겨서 좋다 등 긍정적인 피드백이 압도적이었다. 업무 효율성이 높아진 것을 체감한 팀원들의 적극적인 지지를 기반으로 테라펀딩에서는 시범적으로 운영한 애자일 업무 관리 프로세스를 지속적으로 도입하기로 했다.

또한 나는 이 책에서 소개하는 혁신적인 제품을 기획하는 프로세스의 A/B 테스트도 진행해볼 수 있었다. 그리고 실리콘밸리식 제품 기획 및 사고법이 코칭과 교육을 통해 국내 스타트업에서도 충분히 실현 가능하다는 나의 가설을 검증할 수 있었다.

내가 설계한 A/B 테스트는 '비대면 대출 플랫폼'이라는 동일한 주제로 서비스를 기획할 때, 실리콘밸리 기업들이 주로 사용하는 혁신적 제품 기획 방식을 적용했을 때의 결과물과 우리가 보편적으로 하는 서비스 기획 방식을 따랐을 때 결과물의 차이를 확인해보는 것이었다.

당시 테라펀딩에서는 이 서비스 기획을 총괄할 새로운 PM(프로덕트 매니저) 한 명을 영입했는데, 이때 사실 나는 이미 해당 서비스 기획을 내가 2장에서 소개하는 제품 기획 프로세스를 따라 끝마친 상태였다. 내가 기획한 비대면 대출 플랫폼은 대출을 희망하는 고객이 직접 온라인으로 기입해야 하는 정보의 양을 최소화하는 동시에, 지점을 방문하지 않고도 대출을 빠르고 쉽게 실행할 수 있는 파격적인 고객 경험을 제공하도록 설계됐다. 하지만 이러한 프로세스에 대한 정보와 지식이 없었던 PM이 기획한 서비스는 당시 대출 업계에서 20년 이상 일한 대출팀 담당자의 말에 의하면, 10년 전 시장에 나왔던 서비스와 별반 차이가 없었다. 이후 나는 PM의 서비스 기획 결과물이 체계적인 기획 방식에 대한 코칭과 교육을 통해 개선될 수 있는지 여부도 테스트해보았다. PM에게 이 책에서 소개하는 혁신적인 제품을 만드는 기본 원칙에 대해 설명하고 서비스 기획안을 일부 개선해보도록 하자, 고객 경험적인 측면에서 훨씬 더 만족스러운 서비스 기획안이 도출됐다.

나는 테라펀딩에서 4장에서 소개할 강한 업무 오너십을 가진 진취적인 성향의 지원자만 선별하는 채용 프로세스도 도입하여 운영했다. 이 프로세스 또한 의도한 결과, 즉 업무 오너십이 강한 직원을 뽑는 데 탁월한 효과를 냈다. 내가 설계한 채용 프로세스를 통해 최종 합격한 지원자는 단 한 명뿐이었지만, 그 직원은 매우 강한 업무 오너십을 가지고 책임감 있게 일하는 직원이었기 때문이다. 또한 반대로 예전에 테라펀딩에서 일했던 팀원이 다시 동일한 업무 포지션에 지원한 적이 있었는데, 그 지원자는 이 채용 프로세스를 통과하지 못했다. 나도 너무 의아한 나머지 예전에 같이 일했던 분들께 조심스럽게 해당 지원자의 평판에 대해 여쭤보니, 업무 성향이 상대적으로 수동적인 사람임을 확인할 수 있었다.

내가 테라펀딩에서 약 9개월 동안 성공적인 조직을 만드는 프로세스를 설계하고 운영하며 도출한 결과는 다음과 같다. 조직의 실행 속도가 빨라졌고, 업무의 효율이 높아졌으며, 팀원의 업무 만족도가 높아졌다. 또한 조직의 제품과 서비스 기획 역량이 강화되었으며, 업무 오너십이 강한 능동적인 업무 태도를 가진 직원을 선별하여 채용할 수 있었다.

이 책을 읽고 있는 기업 리더들에게 꼭 전하고 싶은 말이 있다. 나의 경험에 의하면, 프로세스 중심의 경영 방식을 도입하는 데 있어 가장 큰 리스크가 되는 부분은 직원들의 능력도 아니고, 프로세스와 기업과의 적합성도 아닌 바로 기업의 경영진들이다. 조금 더 직설적으로 말하자면, 기업의 최종 의사결정권자가 프로세스를 지속하려는 의지 부족, 혹은 프로세스를 건너뛰고 맘대로 의사결정을 하려는 경향이 가장 큰 리스크로 작용한다. 따라서 이 책에서 소개하는 실리콘밸리식 프로세스 중심의 기업 운영 방식을 찬찬히 읽어보고 이를 궁극적으로 도입하기로 결정했다면, 지속성에 대한 기업 경영진들의 결단이 필요하다는 점을 꼭 당부하고 싶다.

## 프로세스 도입 난이도에 따른 실행 계획

이 책이 제시하는 SOP는 현재 여러분들의 기업이 상주하는 국가나 언어, 기업문화나 조직의 규모와는 상관없이 일괄적으로 적용이 가능하다. 단, 실무 도입에 있어 이 책에서 순차적으로 소개하는 SOP의 실전 도입 난이도는 점차 높아질 수밖에 없다는 것을 미리 이야기하고자 한다.

  2장에서 소개하는 혁신적인 제품 출시를 위한 SOP나 바로 이어서 3장에서 다루고 있는 조직의 실행을 빠르게 하는 SOP는 각각 하나의 개별적 프로세스로 운영이 가능하기 때문에 실무 도입 난이도가 그리 높지 않다. 이 두 개의 SOP는 개별 모듈 단위로 특정 팀이나 부서에서 먼저 시범적으로 실행해볼 수 있으며, 시범 운영을 통해 본래 프로세스가 의도한 성과를 체감하고 측정해볼 수 있다. 또한 이러한 시범 운영을 통해 우리 기업 환경에 맞게 조정하거나 조율해야 할 부분을 파악하고 이를 프로세스에 반영할 수 있다. 우리 조직에 맞게 수정을 거치고 나면 이를 전사적으로 확대하고자 할 때 보다 더 효율적인 운영이 가능하다.

반면 이 책의 후반부에서 설명하고 있는 강한 조직문화를 위한 SOP나 공정한 성과 평가를 위한 SOP는 다양한 하위 프로세스들이 모여 하나의 SOP를 이루고 있다. 특정 프로세스 하나만 실행해서 결과를 얻기는 힘들기 때문에 실전 도입 난이도가 높은 편이다. 하지만 하나의 SOP를 이루고 있는 모든 하위 프로세스들을 동시다발적으로 실행하기보다는 각 하위 프로세스 매뉴얼에 따라 하나하나 차근차근 실행에 옮길 수 있으므로, 긴 호흡을 가지고 장기적인 관점에서 접근하면 그리 어려운 일은 아닐 것이라 생각한다.

# 어느 기업에서도 프로세스는 통한다

**알아서 잘하는 직원은 없다**

예전에 한국의 어느 한 스타트업이 본인인증 절차를 새롭게 도입하는 과정에서 기업 내부적으로 직원들이 참여하는 사용자 테스트를 진행하지 않는 것을 의아하게 생각한 적이 있었다. 실리콘밸리의 대부분의 기술 기업에서는 새로운 기능을 고객에게 선보이기 전에 '친구 및 가족 테스트'라고 불리는 직원들을 대상으로 한 사용자 테스트를 우선적으로 진행한다. 이렇게 가까운 사람들을 상대로 먼저 테스트를 해보고 불편한 점이나 이슈 사항들을 파악해 개선하는 것이 보편적이다.

궁금한 것을 못 참는 나는 개발팀 리더에게 왜 이 회사에서는 먼저 직원들을 대상으로 테스트를 진행하지 않느냐고 물어보았다. 그러자 그 회사에 꽤 오래 근무했던 개발팀 리더가 이 회사에는 나이가 오십이 넘으신 '어르신'도 계시기 때문에 전 직원을 대상으로 하는 사용자 테스트는 여태 해본 적도 없고 진행이 불가능할 거라고 말하는 것이 아닌가?

테스트 프로세스를 만들어볼 시도조차 하지 않고, '우리 회사에서는 안 돼'라는 말을 받아들일 수 없었던 나는 테스트를 하는 방법과 테스트 화면을 녹화하는 방법 그리고 이슈 사항을 명확하게 기록하는 방법을 단계별로 정리하고 지침으로 만들어 직원들을 대상으로 사용자 테스트를 진행했다. 이 회사의 직원들은 나이에 상관없이 다양한 테스트 시나리오를 모두 지침에 따라 성공적으로 이행했고, 그 덕분에 우리는 시스템상의 오류와 문제점들을 잡아내고 해결하여, 완벽한 고객 경험을 제공할 수 있었다.

내가 이러한 일화를 통해 말하고자 하는 바는 단순하다. 일하는 방법을 단계별로 정리하고 직원들에게 명확한 지침을 내리는 접근법은 어느 기업에서나 보편적으로 작동하며, 직원들 또한 이에 맞춰 자신을 변화시킬 수 있다는 사실이다.

과연 우리 국내 기업에서 이러한 프로세스가 먹힐까, 다시 말해 과연 우리 직원들이 이러한 프로세스를 잘 따를 수 있을까 하고 우려하는 것 자체가 어떻게 보면 여러분들의 조직에서 일하는 구성원들의 역량을 과소평가하는 것일 수 있다. 어쩌면 전 직원이 따라야 할 명확한 지침과 내부 프로세스를 만들고 운영하는 행위가 사실은 번거롭고 귀찮기 때문에, 직원들이 그냥 알아서 잘 하기를 눈감고 바라는 것일 수도 있다.

축구와 같은 여느 팀 스포츠처럼 기업 운용 역시 팀플레이다. 탁월한 재능과 역량을 가진 선수를 뽑아놓았다면 승리를 위한 팀 전술을 세세히 공유하고 계획대로 움직일 수 있게 해줘야 한다. 선수들이 알아서 경기를 하고, 알아서 이기길 바라는 소위 말해 '해줘 축구'를 지향하는 감독만큼 무책임한 지도자는 없다. 딱히 이렇다 할 전술 없이 그저 조직 구성원이 스스로 잘 판단하고 뛰어서 경기를 이기고 돌아오기를 바라는 마음이 더 크지는 않은지, 한 번쯤은 되짚어보길 바란다.

프로세스 중심 경영은 결코 성공한 실리콘밸리 기술 기업들만의 전유물이 아니다. 성공한 기업들의 프로세스 경영 방식을 따라 하기만 해도 성공할 수 있음을 실제로 증명해낸 스타트업도 있다. 4장에서 소개할 반려동물 전문 이커머스 기업, '츄이'가 바로 그 예다. 츄이는 성공한 기업들의 SOP를 꾸준히 실행하여 고객 중심으로 똘똘 뭉친 기업이 되었고, 회사 설립 후 6년 만에 아마존에 대적하는 회사가 될 정도로 성공했다. 목표하는 결과를 매번 달성하게 하고, 조직의 역량을 강화하며, 확장성을 갖춘 프로세스가 기업을 성공으로 이끌 수 있음을 증명한 셈이다.

그렇다고 해서 지금 당장 프로세스를 무작정 도입하고 형식적으로 운영하라는 말은 아니다. 프로세스는 어디까지나 목표한 결과를 내기 위한 하나의 수단이다. 따라서 아무리 다른 기업에서 효과가 검증된 프로세스라도, 필요하다면 우리 기업 환경과 조직의 특성에 맞게 조율하여 그에 따라 목표한 결과를 도출해낼 수 있어야 한다.

그리고 이러한 맞춤 설정을 할 수 있으려면 이 책에서 자세히 설명하고 있는 프로세스의 설계도와 작동 원리를 명확하게 이해해야 한다. 그래야만 프로세스가 의도한 결과를 낼 수 있다.

# THE POWER OF PROCESS

*Innovative Thinking*

2장

# 혁신적인 제품을 만드는 스탠더드 오퍼레이팅 프로세스

# 혁신적인 제품은
# 혁신적인 프로세스 속에서 탄생한다

## 0에서 1을 만드는 창조적 혁신

평소 기업 경영에 관심이 많은 사람이라면 페이팔과 팰란티어 테크놀로지의 공동 창업자이자 벤처캐피털 투자자인 피터 틸의 저서 《제로 투 원》을 읽어봤거나 최소한 들어보았을 것이다. 피터 틸은 이 책을 통해 창조적 혁신의 중요성을 역설하며 혁신을 통해 새로운 시장을 개척하고 그 시장에서 독점적 우위를 차지하는 기업만이 지속 가능한 성장을 할 수 있다고 주장했다.

《제로 투 원》이 제시하는 창조적 혁신은 기존에 있던 제품이나 서비스를 단순히 개선하거나 경쟁 제품과의 차별화를 추구하는 것이 아니라 완전히 새로운 형태의 제품과 서비스, 그리고 기술을 창조하는 것을 의미한다. 이러한 혁신적인 제품 개발의 중요성에 대해서는 이미 대부분의 기업에서 공감대가 형성되어 있는 편이다. 하지만 실무적으로 혁신적인 제품과 서비스를 만들려면 어떻게 제품을 아이데이션하고 기획해야 하는지에 대해서는 여전히 어렵고 막막하게 느껴지는 것도 사실이다.

따라서 이 장에서는 혁신을 주도하는 기업들이 제품을 기획할 때 사용하는 제품 아이데이션 프레임워크와 프로세스에 대해 자세히 살펴보고, 이를 바탕으로 어떻게 여러분의 기업에 이를 쉽게 도입할 수 있는지 그 방안을 제시하고자 한다.

## 혁신적인 제품 기획의 필수 조건

기업에서 제품을 개발하여 출시하기 전에 필수적으로 거쳐야 하는 과정은 제품 아이디어를 도출하고 제품화 방안을 모색하는 제품 아이데이션product ideation 단계, 그리고 제품의 수익성과 사업성을 검토하여 최종 출시 결정을 내리는 단계로 나누어볼 수 있다.

혁신적인 제품을 출시하는 기업들은 이러한 제품 기획 프로세스를 표준화하여 체계적으로 운영한다. 제품 구상을 위해 각 단계별로 준수해야 할 기본 원칙을 세우고, 이를 제품 기획에 엄격하게 적용하여 결국은 성과가 좋을 수밖에 없는 혁신적인 제품만을 선별하여 출시한다. 즉, 성공한 기업들의 혁신적인 제품 출시는 그들이 운영하는 이러한 체계적인 기획 프로세스의 결과물이라고 할 수 있다.

기업 오퍼레이터 관점에서 이와 같은 프로세스는 기업의 운영 효율성을 높이는 매우 중요한 전략이기도 하다. 한정된 자원을 효율적으로 활용하여 기업의 ROI를 극대화하려면 미래의 기업 가치를 극대화할 수 있는 제품만을 선별하여 선택적으로 출시할 수 있어야 하기 때문이다. 따라서 직원들이 시장에서 성공할 가능성이 높은 혁신적인 제품만을 구상하도록 하고, 제품 출시의 타당성 여부를 다양한 시각에서 꼼꼼하게 분석하고 검토할 수 있게 해주는 체계적인 프로세스는 기업의 제품 관리 역량을 강화하는 매우 중요한 운용 전략이라고 할 수 있다.

이러한 프로세스는 출시 성과가 좋지 않을 가능성이 높은 제품을 만드는 데 쓰이는 불필요한 자원의 낭비를 방지해주기도 한다. 전 하버드 비즈니스 스쿨 교수인 클레이튼 크리스텐슨Clayton Christensen의 연구 조사에 따르면, 매년 3만 개가 넘는 새로운 소비자 제품이 출시되지만 이 중 95퍼센트는 실패한다고 한다. 단 5퍼센트만이 시장에서 성과를 낸다는 얘기인데, 현재 우리 회사의 제품이 그 5퍼센트에 들어갈 수 있을지 생각해보자. 기획 방식 또는 프로세스를 점검하여 제품 기획 과정의 효율성을 높이고 더욱 만족스러운 성과를 낼 수 있는 방안을 모색해볼 필요가 있다.

## 혁신적인 제품의 핵심에는 '고객 중심'이 있다

모든 제품은 특정 아이디어로부터 시작한다. 즉, 혁신적인 제품을 만들려면 혁신적인 아이디어가 필요하며 이를 위해서는 직원들이 익숙한 사고방식에서 벗어나 새로운 관점에서 문제를 바라볼 수 있는 창의적인 생각과 발상의 전환이 필요하다.

이를 위해 많은 기업이 사내 아이디어 공모전을 개최하여 직원들의 의견을 청취하거나 유능한 프로덕트 매니저를 영입하여 프로덕트 조직의 능력을 강화하고자 한다. 그러나 이러한 방식은 혁신적인 제품 아이디어를 발굴하는 데 일부 도움이 되긴 하지만 운영 효율성이 낮고 지속성이 떨어진다는 한계가 있다. 어쩌다 운이 좋아 혁신적인 제품이 탄생한다 해도 이를 지속적으로 만들어내지 못한다. 특정 사람에 의존하는 방법도 마찬가지다. 프로덕트 매니저의 과거 성과가 미래의 성과를 장담할 수는 없으며 특정 개인의 역량에 의존하는 제품 기획은 결국 기업의 인적 리스크를 키우고, 확장성을 떨어뜨리며, 지속 가능한 성공을 보장해주지 못한다.

이러한 이유로 글로벌 혁신을 이끌어 나가는 실리콘밸리의 많은 기술 기업은 기업의 제품 기획 능력을 조직적으로 강화하고 내재화할 수 있는 체계적인 방식과 프로세스를 구축하는 데 주력한다. 그리고 그 대표적인 방식 중 하나가 바로 고객 중심customer centricity 프레임워크다. 제품 기획 단계에서부터 고객 중심의 사고 프레임워크를 제공하여 혁신적이고 창의적인 제품 아이디어를 발굴하고 개발할 수 있도록 하는 것이다.

국내 기업 경영에서 고객 중심은 매년 기업 총수의 신년사에 단골 멘트로 등장할 만큼 매우 중요한 동시에, 실제로는 실행이 어려운 대표적인 경영 지표 중 하나다. 그만큼 제품 기획을 할 때 고객 중심이라는 원칙을 제대로 이해하고 실행하는 기업은 매우 드물다. 이 책을 읽고 있는 기업 경영진이라면 누구나 '우리 회사 제품 기획은 당연히 고객 중심적으로 운영되고 있어!'라고 생각할 수 있다. 하지만 실제 많은 기업에서 하는 제품 기획은 고객 중심적이 아니라 '고객 집중적'이다. 고객 중심과 고객 집중customer focused은 불과 한 글자 차이지만 제품 기획에서 이 둘은 본질적으로 전혀 다른 개념이다.

제품 기획을 할 때는 고객 중심과 고객 집중의 차이를 제대로 알고 구분지어 사용해야 한다. 피터 틸이 이야기한 '새로운 시장을 개척하여 독점 기업이 될 수 있게 하는 혁신적인 제품과 서비스'는 고객 중심적 사고에서만 가능하기 때문이다.

## 고객 집중과 고객 중심의 차이

고객 집중은 고객이 원하는 것want을 제공한다. 이를 위해 고객을 관찰하고 분석하여 어떻게 하면 이 고객에게 제품을 팔 수 있을지를 고민한다. 고객의 의견을 열심히 듣고 그들이 원하는 것을 제공하고자 힘쓰며, 고객의 취향에 따라 각기 다른 요건을 만족시키려고 애쓰는 것이 바로 오늘날 대부분의 기업에서 하고 있는 고객 집중이다. 반면, 고객 중심은 오로지 고객의 관점에서 그들이 절박하게 필요로 하는 것need에 집중한다.

흔히 연인들 사이에서 '난 너를 원해I want you'와 '난 네가 필요해I need you'는 '사랑한다'라는 의미로 혼용되는 경우가 많지만 사실 이 둘은 각각 다른 의미를 내포하고 있다. '난 너를 원해'는 지금 이 순간의 즉각적인 매력에 초점을 맞춘 표현으로 현재 상대방에게 끌리고 함께 있고 싶은 강렬한 감정을 나타낸다. 즉, 지금 현재의 내가 충만하게 느끼는 강렬한 욕망을 표현하는 것이다. 반면, '난 네가 필요해'는 의존적 관계성에 초점을 맞춘 표현이다. 상대방에게서 특정한 기능이나 역할을 기대하며, '너 없이는 내가 부족하다'라는 의미를 전달한다. 따라서 상대방이 내게 필요한 것을 주고 내가 그에게 의존하는 관계일 때만 '난 네가 필요해'라고 말할 수 있다.

제품/서비스 기획도 이와 마찬가지다. 우리 회사 제품을 '원하는' 고객은 지금 현재의 감정과 취향에 따라 우리 회사 제품을 선택한 고객이다. 취향이 바뀌면 언제 고무신을 바꿔 신을지 모르는 연인과도 같다. 반면, 우리 회사의 제품이 '필요한' 고객은 나(=회사)에게 의존하는 고객이다. 내가 고객이 절실히 필요로 하는 무언가를 제공하고 부족한 부분을 채워주기 때문이다. 이렇게 나에게 의존하는 고객을 우리는 흔히 '충성 고객'이라고 표현한다.

고객이 원하는 제품을 만드는 회사는 고객의 취향이 바뀔 때마다 고객에게 선택받기 위해 제품을 바꿔야 한다. 기업 입장에선 결코 쉽지 않은 일이다. 고객의 취향이 바뀌는 지점을 정확하게 예측할 수 있어야 하고, 시시각각 변화하는 고객의 취향에 맞게 매번 제품을 바꿔야 하기 때문이다. 하지만 고객이 필요로 하는 제품을 만드는 회사는 오히려 고객이 회사에 의존한다. 그들이 절실히 필요로 하는 어떤 것을 회사가 제공하기 때문이다.

이처럼 고객이 원하는 것을 제공하는 '욕구wants' 기반의 고객 집중과 고객이 겪는 문제를 해결해 완벽한 솔루션을 제공하는 '니즈needs' 기반의 고객 중심은 제품 기획에서 분명한 결과물의 차이를 가져온다. 그렇다면 고객 중심적인 제품 기획은 어떻게 하는 걸까? 실리콘밸리의 선도 기업들이 집중하는 고객 중심적인 제품 기획은 다음과 같은 세 가지 기본 원칙을 준수하는 제품 아이데이션 프레임워크 안에서 운영된다.

1. 제품 기획은 고객의 문제를 명확하게 정의하는 것에서부터 시작한다.
   → '문제'란 가장 이상적인 고객 경험과 현실과의 격차를 의미
2. 고객의 문제를 완벽히 해결하는 것을 제품 기획의 지향점으로 설정한다.
   → '완벽한 문제 해결'이란 '문제 파괴'를 의미
3. 제품 개발은 고객의 문제가 완벽히 해결됐을 때의 가장 이상적인 고객 경험을 먼저 설계하고 이러한 경험을 제공할 수 있는 제품을 거꾸로 개발하는 방식을 따른다.

언뜻 들으면 위의 세 가지 원칙이 매우 뻔한 내용이라고 생각할 수도 있다. 하지만 앞서 설명한 고객 집중과 고객 중심의 차이처럼 위 세 가지 원칙이 내포하고 있는 정확한 의미와 뉘앙스를 명확하게 이해하고 올바르게 적용하는 것이 중요하다. 이제부터 위 세 가지 기본 원칙들에 대해 자세히 알아보고 왜 이러한 제품 기획 방식이 혁신적인 제품 아이디어를 발굴하고 개발하는 데 최적화된 방법론인지에 대해서도 자세히 살펴보도록 하자.

| 제품 아이데이션 프레임워크 1 |
# 고객의 '문제'를 정의하기

### 그들은 지금 어떤 '문제'를 갖고 있는가?

실리콘밸리 기업들이 사용하는 고객 중심적인 제품 기획은 언제나 고객의 문제를 명확하게 정의하는 것에서부터 시작한다. 여기서 고객이 겪는 문제란, 고객이 원하는 가장 이상적인 고객 경험과 현재 상태의 격차, 즉 고객이 겪는 현실과 이상 간의 괴리라고 할 수 있다. 제품과 서비스를 이용하는 고객의 관점에서 가장 이상적인 고객 경험의 기준은 돈, 시간, 불편함이다. 즉, 모든 조건이 동일하다면 고객은 최저가를 선호하고, 가장 빠른 속도를 원하며, 사용할 때 아무런 불편함이 없는 제품과 서비스를 무조건적으로 선호한다.

이렇듯 고객이 겪는 문제를 명확하게 문제로 인식하고 정의하는 일은 고객 중심적 제품 기획의 가장 중요한 시작점이다. 하지만 이를 제대로 하지 못하는 기업들, 다시 말해 고객의 문제를 문제라고 인식하지 못하는 기업들이 의외로 많다. 최근 들어 리테일 테크 트렌드로 불리며 국내에서도 점차 그 수가 늘어나고 있는 '완전 스마트 매장'의 탄생 배경을 살펴보면 이러한 문제의식의 중요성을 조금 더 분명하게 파악할 수 있다.

완전 스마트 매장은 고객이 매장에 입장할 때 QR코드를 찍으면 계산대에서 줄을 서지 않고 앱을 통해 물건 결제가 자동으로 이뤄지는 100퍼센트 무인 스토어다. 국내 기업들이 자체적으로 기술을 개발하고 개선시켜나가는 모습은 매우 긍정적이지만 사실 이 서비스는 이미 아마존이 2016년부터 아무도 이 길을 가지 않을 때, 지속적으로 개발해온 무인매장 자동결제 기술과 운영 노하우를 벤치마킹하여 국내에서 차별화한 사례다.

그렇다면 아마존은 어떻게 이러한 혁신적인 사업 모델과 기술을 세계 최초로 생각해내고 구현할 수 있었을까? 그 시작점은 바로 고객이 매장에서 겪는 문제인 '줄 서기'를 기업이 해결해야 할 '문제'라고 인식했기 때문이다.

아마존이 구현한 무인 자동결제 기술의 첫 테스트베드였던 아마존 고Amazon Go 매장은 미국 아마존 본사 캠퍼스 내에 위치해 있다.

아마존 본사가 위치한 시애틀 지역은 점심 시간만 되면 샌드위치나 샐러드 등을 사려는 회사원들이 매장에 몰리면서 계산대 앞에 긴 줄을 서는 게 일상이었다. 아마존은 이 점을 고객의 시간과 불편함 측면에서 기업이 해결해야 할 문제로 인식했고, 이러한 문제의식으로부터 무인 자동결제 서비스 같은 독창적인 기술을 생각해내고 개발할 수 있었던 것이다.

아마존은 고객이 줄을 서서 기다리는 일뿐만 아니라 결제 수단을 꺼내는 행위의 불편함도 문제로 인식했다. 그리고 이 문제를 해결하기 위해 2020년부터 아마존 고 매장을 포함한 여러 매장에서 아마존 원Amazon One이라는 사람의 손바닥을 인식하여 결제하는 기술을 시범 운영하며 가장 이상적인 고객 경험과 현재 상황 간의 격차를 없애기 위해 꾸준히 노력하고 있다.

## 장사꾼의 마인드와 기업가적 마인드의 차이

이처럼 혁신적인 제품과 서비스는 고객이 겪는 문제를 인지하는 '고객 중심적인 문제의식'에서 출발한다. 즉, 기업에서 고객 중심적인 제품 기획을 하려면 직원들이 고객의 문제가 무엇인지 명확하게 정의하고, 고객이 경험하는 이상과 현실 간의 괴리가 정확하게 무엇인지 인식할 수 있는 직원 교육과 내부 시스템이 동반되어야한다.

반면, 보편적인 기업에서 하는 고객 집중적인 제품 기획을 하게 되면 대다수의 고객이 줄 서기를 없애달라는 (가능성이 매우 희박한) 요구를 할 때까지 고객이 겪는 불편함을 문제라고 인지조차 하지 못할 가능성이 크다. 혹 문제로 인식하더라도 고객에게 어떻게 이 서비스를 '팔아야 할지', 다시 말해 '이게 돈이 되겠어'라는 기업 중심적인 관점으로 생각하기 쉽다. 그리고 그 결과 혁신적인 제품 아이디어를 떠올릴 수 있는 기회를 놓쳐버리고 만다.

나는 이러한 제품 기획 방식이 장사꾼의 마인드와 기업가적인 마인드의 근본적인 차이를 보여준다고 생각한다. 장사꾼의 마인드는 당장의 이익을 추구하기 위해 제품과 서비스를 고객에게 '판매'하는 데 집중한다. 반면, 기업가적인 마인드는 미래의 기업 가치를 극대화하기 위해 고객의 '문제를 해결'하는 데 집중한다. 나에게 의존적인 고객이야말로 미래의 기업 가치를 극대화할 수 있는 가장 중요한 자산이기 때문이다.

## 문제 해결이 먼저, 수익 구조는 그다음

여기서 절대 오해하지 말아야 할 점은 고객 중심적인 제품 기획을 한다고 해서 비영리 기업처럼 기업의 수익성을 전혀 고려하지 않아도 된다는 뜻은 아니라는 것이다. 기업의 수익성과 사업성은 고객의 문제가 아니라 기업의 문제이므로, 제품 아이데이션 단계에서 고객의 문제를 완벽히 해결한 후에 기업의 수익성과 사업성은 따로 분리해서 생각해보면 된다.

혁신적인 기업들은 '지금 당장 이 제품을 어떻게 판매할 것인가'보다는 고객이 겪는 문제를 완벽하게 해결한 후에 '어떻게 이 제품이 창출할 수 있는 수익의 크기를 극대화할 것인가'에 집중한다. 잠재적인 고객의 정의를 다각화하거나 제품의 핵심 기능이나 전체를 서비스화하여 타 기업에게 제공하는 외부 서비스화Product Externalization 등이 이러한 수익 극대화 전략의 일환이라고 볼 수 있다.

먼저 고객의 정의를 다각화하여 혁신적인 수익 구조를 만들어낸 대표적인 국내 기업으로는 '토스'를 꼽을 수 있다. 이제는 시중 은행들과 어깨를 나란히 하는 토스지만 처음 미국의 벤모Venmo를 벤치마킹한 모바일 송금 사업을 처음 출시했을 때만 해도 토스의 서비스는 적자가 예정된 사업이었다. 송금 건당 500원의 비용을 기업이 부담하며 시작했기 때문이다. 성장하면 할수록 적자가 더 커지는 이러한 사업 모델을 보편적인 수익성 측면에서 접근하면 오히려 출시하지 않는 편이 더 타당하다. 하지만 혁신적인 기업들은 우선 고객의 문제를 완벽하게 해결한 후, 제품과 접점이 있는 모든 대상을 잠재 고객으로 보고 수익 구조를 확장할 수 있는 방법을 모색한다.

토스는 모바일 송금 서비스와 접점을 가지는 모든 대상, 즉 돈을 이체하는 개인 사용자뿐만 아니라 모바일 송금을 통해 판매 결제 대금을 받는 판매자, 개인 사용자의 송금 계좌를 제공하는 금융 기관 등 다양한 잠재 고객군이 있을 거라고 봤고, 거기서 토스 서비스를 기반으로 창출할 수 있는 수익 모델의 다양성과 확장성을 포착했다. 물론, 이는 토스의 서비스가 당시 액티브X 등 송금을 하려는 고객들이 겪는 문제를 완벽하게 해결했기에 가능한 일이었다.

제품의 일부 기능이나 전체를 서비스화하여 타 기업에게 제공하는 제품의 외부 서비스화의 대표적 사례로는 아마존의 클라우드 사업부인 AWS Amazon Web Services를 들 수 있다. 이 서비스는 원래 아마존 리테일 영업부의 내부 서버 스토리지 문제를 해결하기 위해 만들어진 서비스였다. 하지만 동일한 문제를 겪는 외부 기업들을 대상으로도 제품을 서비스화하기 시작하면서 산업 생태계 전체의 혁신을 이끈 또 하나의 사업으로 변모했다. 이렇듯 제품을 기획할 때, 제품의 외부 서비스화 가능성을 열어두고 잠재적 수익성을 고려하는 것은 업계 생태계 전체의 혁신을 통해 보다 더 높은 제품의 가치를 창출할 수 있는 방법 중 하나다. 반면, 당장 눈앞에 보이는 이익만을 좇아 제품의 수익성만을 고려하면 충분히 확장성 있는 수익 구조를 만들 수 있음에도 제품의 출시를 아예 포기해버리는 안타까운 경우가 생길 수 있다.

    정리하면, 고객 중심적인 사고의 틀 안에서 운영되는 제품 기획은 기업 자신이 가장 까다로운 고객이 되어 돈, 시간, 불편의 측면에서 가장 이상적인 모습과 현실 간의 괴리를 명확하게 정의하는 것에서부터 출발한다. 그리고 기업 차원에서 꾸준한 직원 교육과 트레이닝을 통해 이러한 격차를 없애는 솔루션 제공을 제품 기획의 목표로 설정할 때, 그리고 수익성에 대한 관점을 확장시켜 생각할 때 혁신적인 제품 기획의 발판이 마련될 수 있다.

| 제품 아이데이션 프레임워크 2 |
# 문제의 '완벽한 해결'에 집중하기

## 문제의 '축소' vs. 문제의 '제거'

고객의 문제를 명확하게 정의한 후에는 그 문제를 해결하기 위한 방법을 찾아야 한다. 그러려면 먼저 '고객 중심적인 문제 해결'에 대한 명확한 정의와 이해가 필요하다. 제품 기획에서 문제 해결의 지향점이 곧 제품의 혁신성을 좌우하기 때문이다.

고객 중심적인 문제 해결이란 고객이 겪는 문제의 크기를 줄이는 것이 아닌 문제가 생기는 근본적인 원인을 찾아 그 문제를 '파괴'하는 것을 뜻한다.

쇼핑몰에 사람들이 몰려 줄을 서야 하는 경우를 생각해보자. 계산하는 직원의 수를 늘리거나 셀프 계산대를 도입하는 것은 '매장에서 줄 서기'라는 문제를 근본적으로 해결하는 방법이 아니다. 이러한 문제 해결 방식은 줄 서는 시간을 단축시켜 문제의 크기를 줄일 뿐이다. 반면, 무인 자동결제 기술로 매장에서 계산대와 '줄 서기'라는 행위 자체를 없애버린 아마존의 무인 자동결제 서비스, 저스트 워크 아웃Just Walk Out과 같은 서비스는 고객 중심적인 사고가 지향하

**계산대가 없는 저스트 워크 아웃 매장의 모습**

1 카드나 앱 스캔 후 매장에 들어간다.
2 원하는 물건을 고른다.
3 매장을 나온다.

출처: www.aboutamazon.com, 저자 소장

는 완벽한 문제 해결 방식이다. '줄 서기'라는 문제를 근본적으로 파괴하는 해결 방식이기 때문이다.

제품 아이데이션 단계에서 고객 중심적으로 생각하며 문제 파괴를 추구하는 것과 문제의 크기를 줄여 고객의 불편함을 덜어주고자 하는 것은 문제 해결의 방향성이 완전히 다르다. 그 결과 각기 전혀 다른 제품을 만들어낸다. 문제의 크기를 줄이는 제품은 기존의 고객 경험을 개선할 수는 있으나 완전히 새로운 고객 경험을 만들어내지는 못한다. 반면, 문제를 파괴하는 제품은 기존 시장의 문제를 근본적으로 없애고 이전과는 전혀 다른 혁신적인 고객 경험과 가치 그리고 새로운 시장을 만들어낸다. 문제 해결의 지향점이 곧 제품의 혁신성을 좌우하게 되는 것이다.

보다 자세한 이해를 돕기 위해 지금의 스마트폰이 나오기까지의 여정을 예로 들어 살펴보도록 하자. 과거 휴대폰은 키패드 버튼을 위한 일정 영역의 공간이 필요했기에 스크린 사이즈가 작은 것이 단점이었다. 이로 인해 휴대폰으로 할 수 있는 활동이 무척 제한적이었으며 사용자 경험 또한 매우 불편했다.

그래서 노키아, 소니 에릭슨 등 당대 시장을 주도했던 기업들은 키패드가 차지하는 영역을 재배치하거나 창의적인 하드웨어 디자인으로 스크린 사이즈를 키우는 등, 다양한 방법으로 '문제의 크기'를 줄이고자 했다. 하지만 문제 파괴를 추구한 애플은 문제가 생기는 근본 원인인 키패드를 휴대폰에서 완전히 없애버리기로 결정했다. 그렇게 지금의 스마트폰이 탄생하게 되었다. 같은 문제를 두고 문제 파괴를 추구할 것인지, 아니면 문제의 크기를 줄여 고객의 불편함을 줄일 것인지 문제 해결의 지향점에 따라 전혀 다른 제품이 개발된 것이다.

애플의 아이폰뿐만 아니라 아마존의 프라임 멤버십과 테슬라의 전기차 또한 문제 파괴를 통해 창조적 혁신을 주도한 대표적인 제품들이다. 각기 다른 영역에서 혁신의 아이콘이 된 이 제품들은 고객이 겪는 문제를 완벽하게 파괴하고, 혁신적인 고객 경험과 가치 그리고 새로운 시장을 창출했다는 공통점을 가지고 있다.

아마존 리테일 비즈니스의 성공을 뒷받침한 프라임 멤버십은 온라인으로 물건을 구매할 때 고객이 부담하는 배송 비용을 아예 없애 버린 서비스로, 이 서비스가 출시된 2005년 이후 이커머스 고객 경험을 180도 바꿔버렸다. 당시 아마존에서 근무하던 엔지니어 찰리 워드Charlie Ward는 고객이 부담해야 하는 배송비 문제를 근본적으로 해결하고자 직원 제안 프로그램을 통해 '무료 배송을 제공하는 구독 서비스'라는 파격적인 사업 모델을 제안했다. 워드의 이러한 문제 해결 방식은 배송비를 0으로 만드는 완벽한 문제 파괴로, 파격적인 고객 경험과 가치 그리고 이커머스 구독이라는 새로운 시장을 만들어냈다.

테슬라의 경우도 엔지니어였던 마틴 에버하드Martin Eberhard와 마크 타페닝Marc Tarpenning이 휘발유는 더 이상 효율적인 에너지원이 될 수 없다는 근본적인 문제의식을 바탕으로 자동차의 에너지원에서 휘발유를 아예 없애버린 완벽한 문제 파괴를 추구한 사례다.

이처럼 혁신적인 기업들은 완벽한 문제 파괴를 추구한다. 고객이 겪는 문제의 크기를 줄이기보다는 문제를 아예 없애버리는 방식을 추구함으로써 창조적 혁신을 주도하는 것이다.

## 익숙한 길을 거부하고
## 생각의 틀을 깨는 제품 기획

물론 모든 제품 기획에서 고객이 겪는 문제를 항상 완벽하게 파괴하기란 쉽지 않다. 하지만 회사가 직원들에게 고객 중심적인 사고 프레임워크를 제공하고, 우리 기업이 지향하는 문제 해결 방식과 우선순위(문제 파괴부터 시작하여 문제의 크기를 최소화하는 순으로)를 명확하게 전달하고 교육하는 것은 혁신적인 제품을 만들기 위해 꼭 필요한 일이라고 할 수 있다. 회사가 지향하는 제품에 대한 기준을 직원들이 명확하게 숙지하고 업무를 할 때와 그렇지 않을 때, 최종 결과물은 차이가 날 수밖에 없기 때문이다.

현업에서 활동 중인 대부분의 프로덕트 매니저들에게도 문제 파괴라는 콘셉트는 다소 낯설 수 있다. 과거 프로덕트 매니저로 일했던 나의 개인적인 경험에 비춰봐도, 문제의 크기를 줄이는 해결 방식과 문제를 파괴하는 해결 방식의 차이점에 대해 정확하게 이해하고 이를 제품 기획에 적용하는 신입 프로덕트 매니저는 매우 드물었다. 하지만 결국 제품 기획에서 이러한 이해도의 차이가 프로덕트 매니저의 유능함, 다시 말해 신제품 안건에 대한 내부 승인에 큰 요인으로 작용한다.

내 경험에 따르면, 서비스를 기획하는 서비스 기획자나 프로덕트 매니저들에게 문제 파괴를 가장 효과적으로 교육하고 전파할 수 있는 방법은 문제의 값에 0을 대입하고, 문제가 파괴되었을 때의 고객 경험을 상상해보라고 하는 것이다. 예를 들어 '계산을 위해 줄을 서야 하는 불편함'이라는 문제를 파괴하려면 줄 서기라는 문제의 값에 0을 대입하고, 줄 서기가 사라졌을 때의 고객 경험, 즉 '줄 서서 계산하지 않고 그냥 매장을 나간다'와 같은 유저 시나리오를 상상해보라고 하는 것이다.

마치 수학 방정식을 풀듯 문제의 값에 0을 대입해보고 그 상태에서의 고객 경험을 상상해보도록 하는 이유는 이러한 급진적인 사고를 강요하는 프레임워크 없이 우리의 보편적인 사고로는 혁신적 사고를 하기가 그만큼 어렵기 때문이다. 우리의 뇌는 본능적으로 에너지를 최대한 절약하려고 하기 때문에 가장 익숙한 방식으로 생각하고 사고하려는 습성이 있다. 기존과는 전혀 다른 새로운 변화를 시도하는 것 자체가 그만큼 매우 어렵다는 얘기다.

제품 기획도 이와 마찬가지다. 우리의 뇌는 새로운 것보다는 익숙한 것을 선택하려 한다. 그렇게 우리에게 익숙한 방식, 즉 문제의 크기나 정도를 줄일 수 있는 해결 방법을 우선적으로 모색하게 된다. 따라서 혁신적인 제품을 기획하려면 우리의 보편적인 생각의 틀을 의도적으로 깰 수 있는 파괴적 사고 기법을 활용하여 '완벽한 문제 해결'의 지향점을 명확하게 설정해야 한다. 문제 해결의 지향점이 곧 제품의 혁신성을 좌우하기 때문이다.

이러한 고객 중심적 제품 기획 방식이 아직 익숙하지 않은 기업에서는 다음과 같은 프레임워크를 사용하여 직원들을 교육하고 혁신적 사고 기법을 실제 제품 기획에 적용해볼 수 있다.

- 문제 정의: 고객이 겪는 문제를 돈, 시간, 불편의 측면에서 명확히 정의한다.
- 문제 파괴: 문제가 생기는 근본 원인을 찾아 문제의 값에 0을 대입해본다.
- 고객 경험: 문제의 값이 0이 된 상태에서의 고객 경험을 상상하고, 사용자 시나리오를 정의한다. 그때의 고객 경험은 고객의 문제가 완벽하게 해결된 가장 이상적인 상태를 나타낸다.

- **혁신적 사고 기법의 예시 ①**
  - **문제 정의**: 매장에서 물건을 계산하려면 줄을 오래 서야 한다.
  - **문제 파괴**: 줄 서기 = 0
  - **고객 경험**: 매장에서 계산하기 위해 줄을 서지 않고, 그냥 매장을 나간다.

- **혁신적 사고 기법의 예시 ②**
  - **문제 정의**: 휴대폰 키패드 영역이 차지하는 공간 때문에 스크린의 크기가 작아 사용하기 불편하다.
  - **문제 파괴**: 키패드 영역 = 0
  - **고객 경험**: 키패드 없이도 휴대폰에 글자를 정확하게 입력할 수 있다.

| 제품 아이데이션 프레임워크 3 |

# 이상적 고객 경험에서 시작하는 퓨처 백 기획

### 일을 시작할 땐 그 끝을 먼저 상상하라

앞서 설명한 대로 문제 파괴라는 제품 기획의 최종 지향점을 설정한 후에는 문제의 값이 0이 된 상태의 고객 경험을 구현할 수 있는 실질적인 제품을 개발해야 한다. 그러기 위한 가장 좋은 방법이 바로 고객 경험에서부터 시작하여 제품을 거꾸로 개발해나가는 '퓨처 백Future Back' 방식이다.

퓨처 백 기획 방식은 고객의 문제가 완벽히 해결됐을 때의 가장 이상적인 고객 경험을 먼저 설정해놓고, 그 상태를 달성하기 위해 필요한 요건과 기능을 역순으로 구현해나가는 제품 개발 방식이다.

애플의 스티브 잡스가 한 "제품 개발은 고객의 경험부터 거꾸로 시작하여 기술로 풀어나가라"라는 말을 그대로 실천하는 방식이라 할 수 있다. 퓨처백 기획 방식의 가장 큰 특징은 정해진 답 없이 다양한 관점에서 문제 풀이를 허용하는 열린 기획 과정을 제공한다는 것이다. 이러한 제품 기획 과정은 유연한 사고를 유도하고 창의적인 문제 해결 방식을 이끌어냄으로써 혁신적인 제품과 서비스를 만들어 낼 수 있게 한다.

## 고객 경험을 최우선으로 두지 않을 때 벌어지는 일

이러한 퓨처 백 기획 방식은 제품 개발 과정에서 의도치 않게 고객 경험을 손상시키거나, 어느새 내가 고객이 되었다고 착각하고 내가 원하는 제품과 서비스를 만들어버리는 실수를 방지해준다. 또한 제품 개발 과정에서 직면하는 복잡하고 다양한 문제들을 우회하기 위해 본래의 기획 의도에서 벗어나 고객 경험을 훼손하거나 타협하게 되는 오류를 막아주는 역할도 한다.

제품 개발 과정에서 애초에 의도한 고객 경험을 손상시키는 실수를 방지할 수 있도록 내부 프로세스를 구축하고 운영하는 것은 성공적인 제품 출시를 위한 필수 과제다. 이러한 내부 프로세스가 없거나 있어도 준수하지 않으면, 본래의 기획 의도에서 벗어나 고객 경험이 훼손된 실패한 제품을 내놓을 수도 있기 때문이다. 2014년 아마존이 출시한 '파이어폰'은 실리콘밸리의 혁신 기업들도 이러한 시행착오에서 자유롭지 못함을 보여주는 대표적인 사례라고 할 수 있다.

아마존 CEO 제프 베이조스가 처음부터 끝까지 프로젝트를 진두지휘한 것으로 알려진 파이어폰은 컴퓨터 비전 기술을 응용해 3D 화면을 구현하는 세계 최초의 3D 스마트폰이다. 이 제품은 '파이어플라이Firefly'라는 앱을 통해 사물을 촬영하면 해당 제품을 아마존 장바구니에 넣을 수 있는 혁신적인 기능을 선보였다. 하지만 2014년 아마존의 3분기 실적 보고서에 따르면 파이어폰과 관련된 손실은 총 1억7,000만 달러에 달했고, 그 이듬해에는 판매가 전면 중단됐다.

고객 중심적인 기업으로 알려진 아마존이 이러한 실수를 한 배경에는 가격 책정이 너무 높았다, 앱 생태계의 경쟁력이 없었다 등의 여러 이야기가 있었으나 사실 이유는 단순했다. 당시 이 제품을 만든 팀원의 말에 따르면, 고객 중심적인 제품 기획 프로세스를 준수하지 않은 것이 화근이었다고 한다. 그는 어느 매체와의 인터뷰를 통해 파이어폰이 갈수록 본래의 기획 의도에서 벗어나면서 제품의 요건이 복잡해졌다면서 개발 과정에서 있었던 어려움들을 토로하기도 했다. 그는 인터뷰에서 "우리는 고객을 위해 파이어폰을 만든 것이 아니라 CEO인 제프 베이조스를 위해 파이어폰을 만들었습니다"라고 말했다.

이처럼 최종 고객 경험을 고정시켜놓고 제품을 기획하지 않으면 제품을 개발하는 과정에서 발생할 수 있는 대내외적인 요인들에 의해 제품의 요건과 기능이 본래 기획 의도에서 벗어나 쉽게 변질될 수 있다. 그러다 보면 파이어폰의 사례처럼 기술적으로는 우수하지만 고객을 충분히 만족시키지 못하는 제품을 만들어내게 되는 것이다. 그게 뭐가 문제냐, 라고 생각하시는 분도 있을 테지만, 아무리 기술적으로 앞선 제품이라도 이상적인 고객 경험을 제공하지 못하는 제품은 아무 소용이 없다.

따라서 혁신을 위한 혁신이 아닌, 고객의 사랑을 받는 혁신적인 제품은 언제나 최고의 고객 경험을 제공하는 제품임을 잊지 말아야 한다. 역설적이게도 베이조스 그 자신이 말했듯 고객은 항상 '아름답고 놀랍도록 불만족스럽기' 때문이다.

이렇듯 퓨처 백 기획은 가장 이상적인 고객 경험을 제공하기 위해 기업이 해결해야 할 일련의 문제와 솔루션을 정의하는 체계적인 과정을 제공한다. 이러한 문제 해결 과정을 통해 우리 기업만의 독창적이고 창의적인 방법으로 혁신적인 제품과 서비스를 개발할 수 있는 프로세스를 구축하고 운영할 수 있다.

그렇다면 퓨처 백 제품 기획은 어떤 과정으로 이루어질까? 이제부터 그 단계별 과정을 살펴보자.

## 상상하고, 질문하고, 답을 찾아라

먼저, 고객의 문제가 완벽히 해결된 상태의 가장 이상적인 고객 경험을 정의한다. 앞서 자세히 설명한 문제의 값이 0이 된 상태의 고객 경험을 상상하는 혁신적 사고 기법을 활용해도 좋다.

그런 다음 그 고객 경험을 구현하기 위해 기업이 해결해야 하는 일련의 문제를 역순으로 정의하고, 개방형 문제 제기를 통해 해결 방법을 모색하는 브레인스토밍 작업을 진행한다.

마지막으로 위의 해결 방법을 구현했을 때 새롭게 발생할 수 있는 고객의 문제를 정의하고, 개방형 문제 제기를 통해 해결 방법을 모색하는 브레인스토밍 작업을 반복적으로 수행한다. 이러한 과정을 통해 제품의 구체적인 요건을 설정하고 제품의 형태를 완성해나간다.

보다 더 상세한 이해를 돕기 위해 고객이 매장에서 줄을 서는 문제에 퓨처 백 기획 방식을 적용해보자. 먼저 문제가 완벽히 해결된 상태의 가장 이상적인 고객 경험을 다음과 같이 정의해볼 수 있다.

**STEP 1**  고객의 문제가 완벽히 해결된 상태의 가장 이상적인 고객 경험을 정의한다.

▸ **문제 정의**: 매장에서 물건을 계산하려면 줄을 오래 서야 한다.

▸ **문제 파괴**: 줄 서기 = 0

▸ **고객 경험**: 계산하기 위해 줄을 서지 않고 그냥 매장을 나간다.

이러한 고객 경험을 구현할 수 있으려면, 기업은 고객이 물건을 들고 그냥 매장을 나가도 물건값을 정확하게 받을 수 있어야 한다. 즉, 문제 해결을 위해서는 (A) 기업은 고객이 매장에서 가지고 나가는 물건을 자동으로 식별할 수 있어야 하고, (B) 고객이 가지고 나가는 물건값을 계산하여 고객에게 돈을 받을 수 있어야 한다.

이와 같이 일련의 문제를 정의한 후에는 다음과 같은 개방형 질문을 통해 각각의 문제를 해결할 수 있는 브레인스토밍 작업을 진행한다.

**STEP 2**  기업이 해결해야 할 문제를 정의하고 개방형 질문으로 해결 방법을 모색한다.

(A) 고객이 매장에서 가지고 나가는 물건을 자동으로 식별하려면 어떻게 해야 할까?

(B) 고객에게 결제 비용을 청구할 수 있으려면 어떻게 해야 할까?

이러한 브레인스토밍 작업을 진행할 때에는 문제를 단번에 혹은 한 방에 해결할 방안을 찾으려 하기보다는 잠재적 해결 방안을 우선적으로 모색해야 한다. 예를 들어 "고객이 매장에서 가지고 나가는 물건을 자동으로 식별하려면 어떻게 해야 할까"라는 질문에는 "매장 출구에 카메라를 달아서 고객의 장바구니 안에 들어 있거나 고객이 손에 들고 있는 물건을 인식할 수 있지 않을까?" 같은 매우 원론적인 해결 방안을 생각해볼 수 있다.

하지만 이러한 방법을 실행했을 때에는 물건이 장바구니 안 깊숙한 곳에 있거나 다른 물건과 뒤섞여 있는 경우, 혹은 고객의 손에 가려져 카메라로 물건을 인식할 수 없는 경우처럼 새로운 문제가 발생할 수 있다. 이처럼 새롭게 발생할 수 있는 다양한 문제를 생각해본 후에는 이전과 마찬가지로 기업이 해결해야 하는 문제를 정의하고, 잠재적 해결 방안을 모색하는 과정을 반복한다. 이 브레인스토밍 작업을 할 때에는 수학 문제를 풀듯 똑 떨어지는 답을 찾으려 하지 말고, 다음과 같이 꼬리에 꼬리를 무는 형식의 질문과 그 질문에 대한 답을 연속적으로 던져보도록 한다.

---

**STEP 3** 브레인스토밍을 반복적으로 수행하며 제품의 구체적인 요건을 살펴본다.

문제 A에 대한 브레인스토밍 작업 예시

Q-1 고객이 매장에서 가지고 나가는 물건을 자동으로 식별하려면 어떻게 해야 할까?

A-1 매장 출구에 카메라를 달면 고객의 장바구니 안에 들어 있거나 고객 손에 들려 있는 물건을 인식할 수 있다.

Q-2 물건이 장바구니 안 깊숙한 곳에 있거나 다른 물건과 뒤섞여 있거나 고객의 손에 가려져서 카메라로 인식을 할 수 없는 경우에는 어떻게 해야 할까?

A-2 고객이 선반에서 물건을 집어서 장바구니에 넣거나 손에 드는 행동을 할 때, 카메라가 그 물건을 인식하게 만든다.

Q-3 고객이 선반에서 물건을 집는 순간에 카메라가 그 물건을 정확하게 인식하지 못하면 어떻게 해야 할까?

A-3 물건이 진열되어 있는 선반에서 무게, 위치, 온도 등의 변화로 고객이 그 물건을 집었다는 사실을 인식하게 만든다.

Q-4 고객이 그 물건을 집었다는 것을 선반이 인식할 수 있으려면 어떻게 해야 할까?

A-4 선반에 무게 센서를 부착하고, 고객이 물건을 집을 때 가벼워지는 무게 변화를 통해 인식하게 할 수 있다.

▸ 이와 같은 브레인스토밍 작업을 반복하며 제품의 구체적인 요건을 정리한다.

**문제 B에 대한 브레인스토밍 작업 예시**

Q-1 고객에게 가지고 나가는 물건에 대한 비용을 청구하려면 어떻게 해야 할까?

A-1 고객이 매장을 나가기 전에 고객의 결제 수단을 미리 확보한다.

Q-2 고객의 결제 수단을 확보하기 위해서는 어떻게 해야 할까?

A-2 교통카드 결제처럼 고객이 매장에서 나갈 때 비용 결제가 될 수 있는 휴대폰이나 신용카드를 찍고 나가게 한다.

Q-3 고객이 매장을 나갈 때 휴대폰이나 신용카드를 찾기 위해 머뭇거리거나 결제 오류가 나서 줄이 생기게 되면 어떻게 해야 할까?

A-3 고객이 매장을 나갈 때가 아니라 매장에 들어올 때 결제 앱이나 신용카드를 찍고 들어오게 하면 고객이 물건을 들고 나갈 때의 머뭇거리는 상황을 해결할 수 있다. 결제 오류가 나는 상황을 방지하기 위해서는 고객의 결제 수단에 대한 유효성을 매장에 들어올 때부터 확보해놓는다.

Q-4 고객이 신용카드를 찍고 매장에 들어올 때 결제 수단의 유효성을 확인하려면 어떻게 해야 할까?

A-4 유효한 결제 수단인지 확인하는 작업이 필요하다. 예를 들어 1원을 결제해보거나 카드사로부터 유효성을 확인할 수 있는 정보를 호출하는 방법이 있다.

Q-5 고객이 매장에서 구매하는 물건과 고객의 결제 정보를 매칭시키기 위해서는 어떻게 해야 할까?

A-5 고객이 결제 정보를 찍고 매장에 들어올 때

    (a) 해당 고객을 인식하고, 고객의 결제 정보와 매칭한 후

    (b) 해당 고객을 매장 내에서 지속적으로 추적하여 고객의 구매 내역을 파악한다.

Q-6 매장에 들어오는 고객을 인식하고 지속적으로 추적하려면 어떻게 해야 할까?

A-6 개인정보보호법에 위배되지 않는 선에서 고객을 인식하고 추적할 수 있는 방법

을 사용한다. 예를 들어 고객의 키나 머리 모양, 몸의 비율, 옷의 특징과 같은 정보를 복합적으로 사용해서 구별하는 방법 등을 생각해볼 수 있다.

▸ 이와 같은 브레인스토밍 작업을 반복하며 제품의 구체적인 요건을 정리한다.

---

이런 식으로 브레인스토밍 작업을 여러 번 진행한 후에는 사내의 전문적, 기술적 협업이 필요한 관련 부처 동료들과 공유하고 논의하여, 작업의 완성도를 더욱더 높여 나간다.

이렇게 작성된 브레인스토밍 문서를 사용하여 제품의 세부 요건을 구체화하고, 필요에 따라서는 시제품을 제작하고 구현해보는 과정에서 새롭게 직면하게 되는 문제들을 문서에 추가한다. 그리고, 앞서 설명한 방법대로 해결 방안을 모색하는 일련의 과정을 반복하며 제품의 형태를 완성해나간다.

## 제품의 혁신을 이끌어내는 퓨처 백 기획

이처럼 고객 경험에서 시작해 거꾸로 개발해 나아가는 퓨처 백 제품 기획은 완성된 제품이 어떤 형태로 나올지 전혀 알지 못하는 상태에서 오로지 최고의 고객 경험에만 포커스를 맞춰 개방형 질문을 던지고 자유롭고 창의적으로 제품 구상을 할 수 있도록 해준다.

반면 처음부터 '어떠한 제품을 만들겠다'라는 고정된 아이디어를 가지고 제품을 기획하기 시작하면 혁신적인 제품을 만들 가능성이 현저히 낮아지게 된다. 이는 앞서 설명한 혁신적 사고에 최적화되지 않은 우리의 보편적인 뇌, 보편적인 사고방식과 일맥상통하는 부분이다.

예를 들어 설명해보자. 우리의 보편적인 사고에 기반한 '셀프 체크아웃 기계를 만들어야겠다'라는 고정된 아이디어를 가지고 제품 개발을 시작하면 어떻게 될까? 그 순간, 그 기업에서는 '매장에서 줄 서기'라는 문제를 완벽하게 파괴하는 제품을 기획할 수 없게 된다. 기업에서 혁신적인 제품과 서비스를 만들려면 제품에 대한 고정된 아이디어에서 시작하기보다는 가장 이상적인 고객 경험에서부터 시작하는 열린 제품 기획이 그만큼 중요하다는 얘기다.

고객 경험을 중심으로 제품을 기획하는 퓨처 백 기획 방식과 제품에 대한 고정된 아이디어로부터 시작하는 보편적인 기획 방식은 제품의 혁신성 측면에서 다음과 같은 확연한 차이를 보이게 된다.

**보편적인 제품 기획 방식과 퓨처 백 기획 방식의 차이: 셀프 체크아웃 기계의 예시**

|  | 보편적인 제품 기획 방식 | 퓨처 백 기획 방식 |
|---|---|---|
| 시작점 | 제품에 대한 고정된 아이디어 | 고객 경험 |
| 기획 방식 | ① 매장에 줄 서는 고객이 많으니, 고객이 스스로 체크아웃을 할 수 있는 기계를 만들어야겠다.<br><br>② 셀프 체크아웃 기계의 세부 구성과 기능은 어떻게 디자인해야 할까? | ① 매장에 줄 서는 고객이 많으니, 줄을 서지 않아도 고객이 계산할 수 있는 사용자 경험을 제공해야겠다.<br><br>② 고객이 계산대 앞에 줄을 서지 않아도 계산이 되게 하려면 어떻게 해야 할까? |
| 결과물 | 가장 편리한 셀프 체크아웃 기계 | 무인 자동결제 시스템 |

### 보편적인 제품 기획 방식과 퓨처 백 기획 방식의 차이: 스마트폰의 예시

|  | 보편적인 제품 기획 방식 | 퓨처 백 기획 방식 |
|---|---|---|
| 시작점 | 제품에 대한 고정된 아이디어 | 고객 경험 |
| 기획 방식 | ① 키패드 버튼 영역 때문에 스크린 사이즈가 작아 사용하기 불편하므로 키패드가 차지하는 공간이 따로 분리된 휴대폰을 만들어봐야겠다.<br><br>② 키패드를 스크린 밑에 슬라이드 형식으로 재배치하거나, 접히는 형태로 만들어보면 어떨까? | ① 키패드 버튼 영역 때문에 스크린 사이즈가 작아 사용하기 불편하므로 키패드 없이도 휴대폰을 편리하게 쓸 수 있는 사용자 경험을 만들어봐야겠다.<br><br>② 키패드 없이 고객이 휴대폰에 글자를 입력할 수 있으려면 어떻게 해야 할까? |
| 결과물 | <br> |  |

# 혁신적 제품 기획을 위한 아이데이션 프레임워크 적용하기

## 현장에 바로 적용할 수 있는 실전 템플릿

앞서 설명한 세 가지 기본 원칙(명확한 문제의 정의, 완벽한 문제 해결, 거꾸로 생각하는 퓨처 백 기획)을 준수하는 제품 기획 방식이 다소 생소한 기업들도 분명 있을 것 같다. 이런 기업들이라면 다음 예시로 든 템플릿을 적극 활용해보도록 하자. 직원들의 혁신적 사고를 강화하고 최고의 고객 경험을 제공하는 기획 방식을 조직 내부에 도입할 수 있을 것이다.

**STEP 1**  고객의 문제가 완벽히 해결된 상태의 가장 이상적인 고객 경험을 정의한다.

▸ **문제 정의**: 고객이 겪는 문제를 정의한다.

▸ **문제 파괴**: 문제의 값을 0으로 고정한다.

▸ **고객 경험**: 문제의 값이 0이 되었을 때의 최종 고객 경험을 정의한다.

위와 같이 문제의 값이 0이 되었을 때의 최종 고객 경험을 고정한 후 이를 구현하기 위해 기업이 해결해야 하는 문제를 역순으로 정의한다. 기업이 해결해야 하는 문제를 정의할 때는 개방형 문제 제기를 통해 잠재적 해결 방안을 모색하는 브레인스토밍을 활용한다.

**STEP 2**  기업이 해결해야 할 문제를 정의하고 개방형 질문으로 해결 방법을 모색한다.

**Q** 문제의 값이 0인 상태의 최종 고객 경험 'X'를 구현하려면 기업은 어떤 문제를 해결해야 하는가? 각각의 문제를 해결하기 위해서는 어떻게 해야 할까?

각각의 문제를 해결할 수 있는 잠재적 해결 방안을 모색하고, 그 방법을 구현했을 때 발생할 수 있는 또 다른 문제들을 정의한다. 그리고 또다시 잠재적 해결 방안을 모색하는 과정을 즉, 꼬리에 꼬리를 무는 질문을 반복한다.

---

**STEP 3** **브레인스토밍을 반복적으로 수행하며 제품의 구체적인 요건을 살펴본다.**

**Q** 문제 [A, B, C]를 해결하기 위해서는 어떻게 해야 할까?

**A** 각각의 문제 해결 방법 [a, b, c]를 모색해본다.

↳ **Q** 문제 해결 방법 [a, b, c]를 구현했을 때, 발생할 수 있는 또 다른 문제 (혹은 불편한 고객 경험) [D, E, F]를 해결하려면 어떻게 해야 할까?

　　**A** 각각의 문제 해결 방법 [d, e, f]를 모색해본다.

---

이렇게 작성한 문서 초안을 사내의 기술 자문이나 협업이 필요한 동료와 공유하여 피드백을 취합하고, 필요에 따라서 시제품을 만들어 가설을 테스트해본다. 그 과정에서 새로운 문제가 발생하면, 앞서 설명한 방법대로 작업 문서에 추가한 후 잠재적 해결 방안을 모색하도록 한다. 이와 같은 방법으로 문제 해결을 반복하며 제품의 요건을 정리하고, 제품 아이디어를 구체화시켜 제품의 형태를 완성해나간다.

## 국내 기업의 사례: 테라펀딩

2015년 설립된 테라펀딩은 온라인으로 대출자(건축사업자)와 개인 투자자를 연결해주는 온라인 투자 연계 금융서비스 회사다. 국내 최초 부동산 특화 대출 중개 플랫폼으로, 국내에서는 비대면 담보대출이 아직 활성화되지 않았던 2020년 초부터 아파트를 담보로 주택담보대출을 받아야 하는 고객의 매우 불편하고 번거로운 고객 경험을 개선시키는 것을 목표로 하고 있었다.

테라펀딩은 위에서 소개한 제품 기획 템플릿을 활용하여 고객이 겪는 문제와 문제의 값이 0이 된 상태의 고객 경험을 다음과 같이 정의했다.

---

**STEP 1**  고객의 문제가 완벽히 해결된 상태의 가장 이상적인 고객 경험을 정의한다.

▸ **문제 정의**: 고객은 대출에 필요한 각종 서류를 준비한 후, 대출 기관을 방문해야 대출을 받을 수 있다.

▸ **문제 파괴**: 대출에 필요한 각종 서류를 오프라인으로 준비해야 하는 불편함 = 0
서류 제출과 행정 업무 처리를 위해 오프라인 지점을 방문해야 하는 불편함 = 0

▸ **고객 경험**: 고객이 각종 서류를 일일이 준비해서 지점을 방문하지 않아도, 주택담보대출을 이용할 수 있다.

---

이러한 고객 경험을 구현하기 위해서는 고객이 직접 지점을 방문해 작성해야 하는 대출 신청서, 약정 계약서 등의 필수 행정 업무를 비대면으로 처리할 수 있어야 하고, 고객이 대출에 필요한 서류를 일일이 다 준비해서 오프라인으로 제출하지 않아도 대출 기관에서 관련 서류를 받아볼 수 있어야 한다.

---

**STEP 2    기업이 해결해야 할 문제를 정의하고 개방형 질문으로 해결 방법을 모색한다.**

**(A)** 고객이 오프라인으로 일일이 다 준비해서 제출하지 않아도 대출에 필요한 서류를 받아볼 수 있으려면 어떻게 해야 할까?

**(B)** 고객이 방문해서 작성해야 하는 대출 신청서, 약정 계약서 등의 필수 행정 업무를 비대면으로 처리할 수 있으려면 어떻게 해야 할까?

---

이러한 문제를 해결하기 위해 테라펀딩에서 진행한 브레인스토밍 작업은 다음과 같다.

---

**STEP 3    브레인스토밍을 반복적으로 수행하며 제품의 구체적인 요건을 살펴본다.**

<u>문제 A에 대한 브레인스토밍 작업</u>

Q-1 고객이 오프라인으로 일일이 다 준비해서 제출하지 않아도 테라펀딩이 대출에 필요한 서류를 받아볼 수 있으려면 어떻게 해야 할까?

A-1 고객에게 대출에 필요한 서류를 온라인으로 업로드하거나 메일로 보내라고 한다.

Q-2 대출에 필요한 10개가 넘는 서류를 고객에게 하나하나 다 사진으로 찍어서 업로드하거나 메일로 보내라고 하면, 그게 더 불편하지 않을까?

A-2 정부24 등 정부 행정기관에서 자동으로 불러올 수 있는 서류나 스크래핑 기술을 이용해 회사가 수집할 수 있는 정보는 자동으로 불러오게 한다.

Q-3 정부 행정기관에서 대출에 필요한 고객 정보를 불러오려면 어떻게 해야 할까?

A-3 시스템 제공자와 상호 통신이 가능한 통신망(API)을 연결하면 관련 정보를 불러올 수 있다. 고객이 전자증명서 발급에 동의하면 주민등록등·초본, 건강보험료납부확인서, 지방세납세증명서 등의 서류는 자동으로 불러올 수 있을 것이다.

Q-4 그렇다면 정부 행정기관을 통해 자동으로 불러올 수 없는 서류는 어떻게 하나?

A-4 현재 아예 온라인 발급이 불가한 서류는 고객이 직접 오프라인으로 발급받아 온라인으로 제출하게 만들어야 한다.

Q-5 고객은 오프라인으로 서류를 발급받아야 하는 것 자체를 불편하게 생각한다. 현재 온라인 발급이 불가한 서류를 향후 온라인 발급이 가능하게 하려면 어떻게 해야 할까?

A-5 현재 온라인으로 발급이 불가한 서류 목록을 살펴보고, 그러한 배경과 사유를 이해한 다음, 발급 기관의 민감한 문제를 해결할 수 있는 해결안을 타진해봐야 할 것이다.

**문제 B에 대한 브레인스토밍 작업**

Q-1 고객이 방문해서 작성해야 하는 대출 신청서, 약정 계약서 등의 행정 업무를 비대면으로 처리하려면 어떻게 해야 할까?

A-1 대출에 필요한 대출 신청서, 약정 계약서, 각종 법적 동의서 등을 모두 비대면으로 작성하게 한다.

Q-2 고객이 온라인 대출 신청서나 대출에 필요한 각종 법적 동의서의 내용을 숙지하지 못해 관련 업무를 온라인으로 끝까지 완료하지 못하면 어떻게 해야 할까?

A-3 고객이 대출 신청서나 동의서의 내용을 잘 이해할 수 있도록 쉽게 풀어 설명하는 부연 설명을 추가하거나 상담사 연결 기능을 제공한다. 또한 고객이 작성한 내용을 저장해 언제든 다시 작업을 이어 나갈 수 있도록 만든다.

---

이러한 일련의 기획 과정을 거친 테라펀딩의 비대면 주택담보대출 서비스는 고객이 지점을 방문하지 않아도 대출을 쉽고 편리하게 받을 수 있도록 설계됐다.

아쉽게도 해당 서비스는 이 회사의 우선순위에서 밀려 시장에 정식으로 출시되지는 못했으나, 당시 유사한 서비스를 출시한 어느 한 시중 은행의 사례와 비교하여 고객 경험적인 측면에서 매우 큰 차이를 보였다.

당시 이 은행에서 출시한 비대면 주택담보대출 서비스는 고객이

### 테라펀딩의 비대면 대출 서비스 테스트 화면

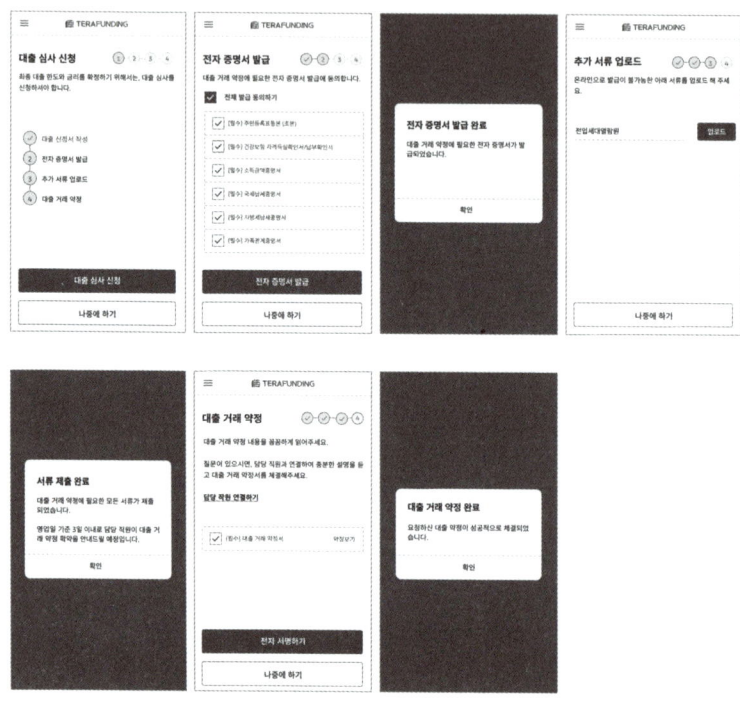

출처: 저자 소장

직접 정보를 입력하고 확인 버튼을 눌러야 하는 화면이 대출 신청 완료까지 무려 스무 개가 넘었고, 심지어는 고객이 온라인 대출 신청서를 작성하는 도중 잠시 페이지를 이탈하면 그동안 입력했던 정보가 다 없어지고 대출 신청 과정이 초기화되는 등 사용자 경험이 매우 불편했다. 고객이 은행을 방문하지 않아도 주택담보대출을 이용할 수 있게 하자는 취지는 좋았으나, 고객의 문제를 완벽히 해결하는 대신 새로운 문제를 초래하는 서비스가 만들어진 것이다.

물론, 금융서비스를 기획할 때는 각종 법적 규제와 절차 때문에 기획 단계에서 해결해야 하는 문제가 무척 복잡해질 수밖에 없다. 하지만 테라펀딩이 사용한 퓨처 백 기획 방식과 같은 고객 중심적인 제품 기획 프로세스는 이러한 시행착오를 미연에 방지할 수 있도록 도와준다. 여러 업무 장치가 있는 내부 프로세스를 통해 회사가 해결하고자 하는 고객의 문제를 완벽히 해결하고, 최고의 고객 경험을 보존할 수 있게 해주는 것이다.

# 아이디어는 시작일 뿐, 사업 타당성 검토하기

## 고객이 절실히 필요로 하는 제품인가?

앞서 설명한 방법으로 혁신적인 제품 아이디어를 도출했다면 이제는 그 아이디어를 발전시켜 시장에 정식 출시할지 여부를 결정해야 한다.

혁신적인 기업들은 제품의 수익성과 사업성을 꼼꼼하게 분석하는 체계적인 프로세스를 구축하여 이를 토대로 제품 출시 결정을 내린다. 이들 기업들이 사용하는 프로세스는 제품-시장 적합성 Product Market Fit과 사업 계획의 타당성을 집중적으로 검토하도록 고안됐으며, 제품이 시장에서 성공하여 사업 목표를 달성할 가능성을 최대한 객관적으로 평가할 수 있도록 설계됐다.

시장이 원하는 제품인지 여부를 따져보는 제품-시장 적합성은 실리콘밸리의 벤처 투자자 앤디 라클레프Andy Rachleff와 마크 안드레센Marc Andreessen이 대중화시킨 개념으로, 제품이 시장에서 성공하기 위해 가장 기본적으로 충족되어야 하는 필수 요소라 할 수 있다. 대부분의 기업은 통상 어떤 제품에 대한 '시장의 수요'가 있으면 제품-시장 적합성이 충족됐다고 쉽게 간주해버리곤 한다. 하지만 이 개념의 창시자인 라클레프가 정의한 제품-시장 적합성은 사실 '절박하게 찾는 고객이 있는 제품'을 뜻한다. 단순히 수요가 있고 없고의 개념이 아닌 '니즈' 기반의 고객 중심적 제품이라는 의미가 훨씬 더 강하다는 얘기다.

> 기하급수적인 유기적 성장을 이룰 수 있는 유일한 방법은 입소문뿐입니다.
> 그리고 입소문을 얻는 유일한 방법은 고객을 진정으로 만족시키는 것입니다.
> — 앤디 라클레프

이러한 의미의 제품-시장 적합성은 단순히 그 제품을 사용하는 고객, 즉 어느 정도의 수요가 있다고 해서 충족되는 것이 아니라 그 제품을 '절실히 필요로 하는 고객'이 있을 때, 그리고 그 고객을 진정으로 만족시켰을 때 비로소 충족될 수 있다. 즉, 앞서 설명한 '욕구' 기반의 고객 집중이 아니라 '니즈' 기반의 고객 중심적인 제품이라야 충족되는 요건인 것이다.

따서 기업에서 제품의 제품-시장 적합성 충족 여부를 검증하려면 이 제품이 고객의 어떤 문제를 해결하는지, 고객의 문제를 얼마나 완벽하게 해결하는지, 나아가 최고의 고객 경험을 제공하는지 등 고객 중심적인 제품 기획의 핵심 요건을 최대한 객관적으로 평가할 수 있어야 한다.

## 타당성 검토를 위한 PR/FAQ 프로세스

제품-시장 적합성 검증과 함께 성공적인 제품 출시를 위한 또 다른 필수 요건은 바로 사업 계획의 타당성 검토다. 아무리 제품-시장 적합성이 충분한 제품이라도, 기업에서 사업 목표를 잘못 설정했거나 사업 계획상의 치명적인 오류가 있는 경우, 사업은 실패로 이어질 수 있다.

따라서 어느 기업이든 제품 출시 결정을 내리기 전, 기업 내부적으로 명확한 사업 목표와 실행 계획을 세우고 실행에 필요한 구체적인 요건과 잠재적 리스크 및 해결 방안에 대한 투명한 논의를 거쳐야 한다. 그런 작업이 선행되어야 사업 목표의 실현 가능성을 냉

철하게 평가할 수 있다.

실리콘밸리 기술 기업들이 활용하는 PR/FAQ 프로세스는 제품의 제품-시장 적합성과 사업 계획의 타당성 여부를 최대한 객관적이고 투명하게 평가하여 제품 출시를 결정할 수 있도록 고안된, 혁신적인 기업들이 사용하는 대표적인 SOP라고 할 수 있다.

사실, PR/FAQ는 제품과 서비스 기획을 고객의 관점에서부터 출발하는 아마존의 워킹 백워드Working Backwards 업무 방식으로 더 많이 알려져 있다. 제품을 출시하기 전에, 미리 제품에 대한 가상의 홍보 글(PR)과 고객이 제품에 대해 자주 할 수 있는 질문(FAQ)을 작성하면서 고객 입장에서 제품을 기획하는 아마존의 독특한 업무 방식말이다.

하지만 PR/FAQ를 활용한 제품 기획 방법이 이미 꽤 많이 알려진 데 반해, 기대 효과를 상당 부분 오해하는 기업들도 있는 것 같다. 내가 생각하는 가장 큰 오해는 이 템플릿만 사용하면 고객 중심적인 제품이 마법처럼 짠 하고 탄생할 것이라는 착각이다. 이 템플릿을 사용한다고 해서 애초에 고객 중심적이지 않은 제품이 고객 중심적으로 바뀌지는 않는다. 시장에서 성공할 가능성이 애초에 낮은 제품이 성공하는 제품으로 갑자기 바뀌지는 않는다는 얘기다. 고객 중심적이지 않은 제품 아이디어를 아무리 PR/FAQ 템플릿에 끼워 맞춰도 고객 중심적인 제품이 저절로 만들어지지는 않는다.

고객 중심적인 제품 기획은 앞서 설명한 고객 중심적 사고 프레임워크를 사용할 때만 가능한 일이다. 제품 아이데이션 단계에서 이러한 단계를 건너뛰고 PR/FAQ 템플릿만 사용한다고 해서 아마존이나 실리콘밸리 기술 기업들처럼 성공적인 제품과 서비스를 만들어낼 수 있을 거라고 기대한다면 큰 오산이다.

PR/FAQ의 가장 큰 장점은 직원들로 하여금 고객의 입장에서 제품이 고객에게 주는 가치를 냉철하게 분석하도록 하여 제품의 제품-시장 적합성을 보다 더 객관적으로 평가하고, 사업 목표의 실현 가능성에 대해 매우 투명하게 논의할 수 있는 내부 프로세스를 제공한다는 데 있다.

제품 기획자나 기업 경영진들의 주관적인 견해나 감정적인 판단에 따라 제품 출시를 결정하는 것이 아니라 제품의 제품-시장 적합성과 사업 계획의 타당성 여부를 최대한 객관적으로 분석하여 제품 출시 결정을 내리는 것이 사실 이 프로세스를 사용하는 결정적인 이유 중 하나다. 객관성이 두드러지는 이 템플릿을 사용했을 때 고객 중심적인 제품과 그렇지 않은 제품의 차이가 매우 극명하게 갈리며 사업 목표의 실현 가능성이 높은 제품과 그렇지 않은 제품 또한 확연한 차이를 보이기 때문이다.

《순서 파괴》의 공동 저자인 콜린 브라이어(Colin Bryar)와 빌 카(Bill Carr)는 아마존에서 PR/FAQ 프로세스를 통해 최종 출시 승인이 떨어지는 제품은 극소수이며 이는 처음부터 의도된 프로세스 디자인이라고 말한다. PR/FAQ 프로세스 자체가 제품의 제품-시장 적합성과 사업 계획의 타당성이 확실하게 검증된 제품만을 선별하도록 설계되었기 때문이다.

　기업 오퍼레이터 관점에서 보면 PR/FAQ는 한 개의 템플릿으로 제품 출시에 대한 결정을 체계화된 프로세스를 통해 내리게 해주는 아주 효율적인 업무 프로세스가 아닐 수 없다. 실제로 아마존에서는 오로지 PR/FAQ 문서만을 읽고 제품 출시 여부를 결정하기도 한다. PR/FAQ가 제품-시장 적합성과 사업 계획의 타당성을 가장 비판적이고 객관적으로 분석할 수 있게 해주는 표준 양식이자 업무 도구이기 때문이다. 뒤에 이어지는 내용에서 이 템플릿을 자세히 살펴보도록 하자.

# 현장에서 바로 사용하는 실전 PR/FAQ 템플릿

## 검증을 위한 끊임없는 질문, FAQ

PR/FAQ 표준 양식은 제품에 대한 가상의 보도자료인 PR과 제품에 대해 자주하는 질문인 FAQ로 구성된다.

FAQ에서 다루는 질문은 보통 고정적이지 않고 제품과 서비스의 성격에 따라 그때그때 달라진다. 그래서 많은 기업이 필수적으로 다뤄야 할 기본 질문 리스트 외에도 제품의 성격에 따라 여러 질문들을 추가하거나 수정하는 편이다.

FAQ 섹션은 고객이 궁금해할 수 있는 질문인 외부 FAQ와 회사가 궁금해할 수 있는 질문인 내부 FAQ로 나뉜다. 고객의 입장에서 궁금한 점을 묻는 외부 FAQ는 제품의 제품-시장 적합성 충족 여부를 파악할 수 있는 질문을, 회사가 궁금한 점을 묻는 내부 FAQ는 사업 계획의 타당성 여부를 파악할 수 있는 질문을 중점적으로 다루게 된다.

**외부 FAQ: 고객이 절실히 필요로 하는 제품인가?**

외부 FAQ는 다음과 같이 고객 중심적인 제품에 대한 검증을 요구하는 질문들로 구성된다(일부의 예시).

1. 이 제품을 사용하는 고객은 누구인가?
2. 고객이 겪는 문제는 무엇인가?
3. 이 제품은 고객의 문제를 어떻게 해결하는가?
4. 고객이 이 제품이 필요하다는 것을 어떻게 알 수 있는가?
5. 이 제품을 사용하기 위해 돈을 지불하려는 고객이 있는가? 있다면 얼마나 되는가?
6. 고객이 이 제품에 대해 어떤 부분을 가장 좋아할 것인가?
7. 고객이 불편하게 느낄 만한 부분은 무엇인가?

이 밖에도 실제 제품을 이용하는 고객이 할 수 있는 다음과 같은 질문도 외부 FAQ에 포함하여 작성한다.

1. 이 제품은 어떻게 사용하나요?

2. 이 제품의 가격은 얼마인가요?

**내부 FAQ: 사업 계획의 타당성이 있는가?**

내부 FAQ는 사업 목표와 실행 계획에 대한 명확한 정의, 목표 달성에 필요한 자원 및 목표 달성을 방해할 수 있는 잠재적인 리스크, 그리고 그에 대한 대응 방안 등으로 구성된다.

1. 우리 회사는 이 제품의 '성공'을 어떻게 측정할 것인가? 이 제품 출시와 관련한 우리 회사의 사업 목표는 무엇인가?

2. 우리 회사가 이 제품의 출시를 통해 실현할 수 있는 예상 손익은 얼마인가? 이 제품의 수익 구조는 무엇이며 왜 이러한 수익 구조를 생각하게 되었는가? 이러한 수익 구조를 실현하려면 어떠한 조건이 충족되어야 하는가? 이러한 조건을 또 어떻게 충족할 것인가? 이 수익 구조를 통해 실현할 수 있는 예상 손익은 얼마인가?

3. 왜 이 제품을 우리 회사가 출시해야 하는가? 이 사업 목표는 우리 회사의 목표와 비전, 역량 등에 알맞게 조정됐는가?

4. 이 제품을 출시하고 운영하기 위해 필요한 자원은 무엇인가? 목표 달성에 필요한 자원은 무엇인가? 목표 달성에 필요한 자원들을 고려했을 때 사업의 목표 달성은 타당한가?

5. 이 제품의 기술과 고객 경험은 누가, 어떻게 구현할 것인가?

6. 회사가 이 제품을 출시하고 판매하는 데 발생할 수 있는 위험 요소는 무엇인가? 목표 달성을 방해할 수 있는 리스크는 무엇인가? 이러한 리스크를 보완할 수 있는 방법은 무엇인가?

7. 이 제품 출시를 위해 회사는 어떤 도움을 주어야 하는가? 회사는 어떤 결정들을 내려야 하는가? 목표 달성을 위해 회사가 지원해주어야 하는 것은 무엇인가?

# 논리적인 생각을 이끌어내는 글쓰기의 중요성

## 비판적 사고를 이끌어내는 글쓰기 방법

구체적인 PR/FAQ 양식을 살펴보고 적용하기에 앞서 한 가지 짚고 넘어가야 할 부분이 있다. 제품 출시 타당성 검토에서 절대적으로 필요한 역량은 무엇일까? 그건 바로 직원들의 '비판적 사고'다. PR/FAQ는 '글쓰기'라는 다소 독특한 업무 도구를 제공하여, 직원들의 비판적 사고력을 강화하고 제품 출시 결정에 대한 객관성을 보존할 수 있게 해준다.

비판적 사고가 결여되면 제품-시장 적합성이 없는 제품을 있다고 섣불리 판단하거나 사업 계획의 실현 가능성을 적절한 근거 없이 과도하게 낙관적으로 평가하는 등 여러 가지 생각의 오류를 범할 수 있다. 그런 상황에서는 아무리 기업 내부에서 타당성 검토를 해도 제품 출시 결과가 미흡할 수밖에 없다. 따라서 우리 회사에서 출시한 제품과 서비스의 성과가 기대에 못 미쳤거나 예상한 것과 다르게 그다지 성공적이지 않았다면, 현재 회사에서 운용하고 있는 내부 검토 방식을 한 번쯤은 점검해볼 필요가 있다.

PR/FAQ는 글머리 기호를 사용하여 요점만을 나열하거나 프레젠테이션을 할 때 쓰는 방식이 아닌 완전한 문장을 사용하여 논술하는 형태로 작성한다. 이러한 업무 방식은 직원들의 비판적 사고력을 강화하여 논리적이고 객관적인 생각을 이끌어내는 데 매우 유용하다.

예를 들어, '이 제품이 해결하고자 하는 문제는 무엇인가'라는 질문에 완전한 문장을 사용하여 이를 설명해야 한다고 생각해보자. 정말 이 문제가 고객 입장에서 문제가 맞는지, 그렇다고 할 확실한 근거는 무엇인지, 고객 입장에서 해결할 가치가 있는 문제인지 등을 곰곰이 생각해볼 수밖에 없다. 글로 찬찬히 읽어보고 논리적으로 생각해보지 않으면 언뜻 지나칠 수 있는 내용을 한층 더 분석적으로 생각하고 고민하게 만드는 것이다.

글쓰기는 복잡한 아이디어를 가장 명료하게 전달할 수 있는 업무 커뮤니케이션 방식이자, 생각의 질을 높이는 매우 효과적인 업무 도구다. 실제 PR/FAQ 문서를 작성하는 사람은 글을 쓰는 과정에서 제품에 대한 판단이 긍정이든 부정이든 더욱 명확해지는 경험을 하곤 한다. 제품에 대한 나의 생각을 정리하며 써내려가다 보면, 제품이 고객에게 주는 가치가 훨씬 더 분명해지거나 생각지도 못한 잠재 고객이 떠오르는 등 글을 쓰면서 생각의 질이 높아지기 때문이다. 또한 기업에서 글쓰기를 업무 도구로 활용하게 되면, 조직 구성원들과 문서를 공유하고 피드백을 받는 과정에서 조직의 집단지성을 활용하여 비판적 사고를 한층 더 강화할 수 있다.

PR/FAQ 문서를 작성하면 이를 가지고 그대로 내부 심의를 받는 게 아니라 조직의 피드백을 취합하여 글을 수정하는 과정을 반복하게 된다. 제품 기획자의 같은 부서 사람들뿐만 아니라 해당 제품 출시와 관련된 모든 사내 관련자, 예를 들면 고객 만족팀, 재무팀, 마케팅팀 등과 공동 수정이 가능한 형태의 문서로 공유하는 것이다. 동료들은 PR/FAQ 문서를 찬찬히 읽어보며 설명이 명확하지 않거나 논리적이지 못한 부분을 지적하고 피드백을 제공한다. 그렇게 조직의 집단지성을 활용하면서 생각의 깊이와 비판적 사고력을 한층 더 강화시킨다.

오로지 글로 제품을 설명해야 하는 이러한 독특한 업무 방식은 제품 출시 결정을 내릴 때, 온전히 '그 제품'에만 집중하여 객관적인 판단을 내릴 수 있게 해준다. 반면, 기업에서 발표자가 파워포인트 등의 도구를 사용하여 기획안을 발표하면 제품 외적인 부분이 의식적이든 무의식적이든 판단에 많은 영향을 미치게 된다. 자료의 화려한 이미지나 감성적인 요소, 발표자의 호감도나 화려한 언변 등 제품과 전혀 상관없는 요인들이 객관적인 평가를 상대적으로 어렵게 만드는 것이다.

## 지속 가능한 혁신에 필요한 장기적 관점

많은 기업에서 PR/FAQ 프로세스 도입을 고려할 때, 가장 큰 허들이 되는 부분이 아이러니하게도 바로 이 글쓰기다. 기업문화 측면에서 어렵게 느끼는 기업도 있고, 회사 직원들이 글쓰기 기반의 업무 방식을 과연 잘 수용하고 따를 수 있을지에 대한 우려가 깊은 편이다.

하지만 아마존 또한 회사 설립 때부터 글쓰기 기반의 업무 방식을 채택한 것은 아니었으며, 직원들의 글쓰기 능력은 지속적인 훈련과 반복적인 연습을 통해 충분히 발전시킬 수 있는 부분이다. 사실상 이러한 우려는 직원들의 글쓰기 실력에 대한 고민이라기보다는 기업과 경영진 스스로가 새로운 업무 방식에 대한 장기적인 투자를 할 용의가 있는지에 대한 고민이라고 생각한다.

기업에서 실제로 어떤 제품 개발에 대한 사업 승인을 받기 위해

PR/FAQ를 작성하려면 어마어마한 양의 문서 작업이 필요하다. 하지만 이러한 프로세스를 통해 제품을 만들기 전에 회사가 올바른 제품과 서비스를 구축하고 있는지를 확인하고 점검하는 일은 결국 나중에 발생할 수 있는 더 많은 비용의 낭비를 방지해준다. 그리고 결과적으로 이는 기업의 운용 효율성을 높여준다.

그러므로 이 프로세스에 대한 투자 가치는 당장 성공하는 제품을 만드는 단기적인 성과로 평가하기보다는 조직 차원에서 기업의 제품 기획 능력을 강화하여 시장에서 성공할 수 있는 제품을 지속적으로 출시하는 보다 장기적인 관점에서 평가해볼 필요가 있다.

| 제품 출시를 위한 PR/FAQ 적용하기 1 |

# 정확한 정보 전달을 위한 사내 언어 프로토콜

## PR/FAQ와 프로그래밍 언어의 공통점

실리콘밸리의 기술 기업들이 업무를 할 때 사용하는 언어는 우리가 일상적으로 사용하는 생활 언어와 많은 면에서 다르다. 가장 두드러진 차이 세 가지를 꼽자면 문장의 구체성과 객관성 그리고 능동적인 행동, 즉 실행 중심의 커뮤니케이션이다.

실제로 실리콘밸리 기술 기업들이 업무 커뮤니케이션에서 사용하는 단어 하나하나는 컴퓨터가 이해할 수 있을 만큼 그 뜻이 정확하다. '최선을 다해', '열심히', '최고의 결과' 등 추상적인 표현과 단어는 아예 사용이 금지되며 '효과적'이나 '효율적' 등 컴퓨터가 명

령어로 정확하게 이해할 수 없는 단어는 데이터를 이용해 임팩트를 산정하거나 객관적인 정보를 가져와 구체적인 의미를 설명한다.

또한 현재 진행 상황에서 한 단계 더 나아가기 위해 필요한 실행의 시퀀스, 즉 다음 단계에 대해 명확하게 기재하는 것이 중요한데, '~을 고민해봐야 한다' 혹은 '~를 고려해야 한다' 같은 다음 단계의 구체적 실행이 없는 업무 커뮤니케이션은 아예 하지 않는 것이 원칙이다.

예를 들어 서비스 사용자 급감으로 9월 첫째 주 매출이 감소했다는 내용을 보고한다고 해보자. 사용자 급감과 매출 감소의 크기를 정확한 수치로 나타내는 것은 기본이고, 이어서 "사용자 감소 원인을 몇 월 며칠까지 파악하여 몇 월 며칠까지 해결안을 제시하겠음 – 업무 오너: @홍길동"과 같이 능동적으로 다음 할 일이 무엇인지 정확하게 이야기해야 한다. 이것이 실리콘밸리 기업들의 일상적인 업무 커뮤니케이션이다.

사실, 엔지니어 중심으로 돌아가는 실리콘밸리의 기술 기업들의 사내 언어는 일상적인 언어 형태보다 컴퓨터 프로그래밍 언어와 닮은 점이 더 많다. 머신러닝 분야를 제외하고 보통의 프로그래밍 언어는 컴퓨터의 주관적인 해석이 아예 불가능하다. 프로그래밍 언어 자체가 정해진 규칙에 따라 쓰이기 때문이다. 인풋과 아웃풋, 시퀀스(그다음 행동) 등 객관적인 로직으로 구성되어 있다. 엔지니어 중심의 기술 기업들이 사용하는 사내 업무 커뮤니케이션 프로토콜이 컴퓨터 프로그래밍 언어와 닮은 것은 어쩌면 우연이 아닐 것이다.

PR/FAQ도 이와 같은 업무 용어 체계에 따라 작성해야 한다. 마치 약봉지 뒤에 써 있는 복용 방법처럼 말이다. '아침 저녁 식후 30분, 10ml를 2주 동안 매일 섭취'라고 쓰인 글은 누가 읽어봐도 주관적으로 해석할 수 있는 여지가 없다. PR/FAQ도 이처럼 단어 하나하나에 정확한 의미를 부여해 써야 한다.

## PR/FAQ 글쓰기 방식의 차이:
## AI 상담원 도입 사례

다음은 ○○항공에서 24시간 고객 상담 업무가 가능한 AI 챗봇 상담원을 출시하기 위해 제안/요청 보고서를 쓴다고 가정하고 만든 사례다.

**보고 사안**

24시간 고객 상담이 가능한 AI 챗봇 서비스*를 도입하여 고객의 편의성 향상, 고객 서비스 센터의 운영 비용 효율화 가능(기존 대비 연 -20% 인건비 절감)

* 챗봇 서비스: 인간의 대화(서면 또는 음성)를 시뮬레이션하고 자동으로 응답하는 인공지능 기반 프로그램

하지만 기업에서 신규 서비스 보고서를 이러한 요약 형태로 작성하지 않고, PR/FAQ 포맷을 사용한다고 가정하면 다음과 같은 질문형으로 대체하여 보고서를 작성해볼 수 있다. 두 답변을 비교해보면 일반적인 기업에서 PR/FAQ 문서 작업을 위한 특별한 글쓰기 훈련 없이 답변을 작성했을 때와 실리콘밸리 기술 기업들에서 업무에 사용하는 언어 프로토콜을 사용해 답변했을 때, 답변의 품질 면에서 확연히 차이가 나는 것을 알 수 있다.

**Q1. 왜 ○○항공은 챗봇 서비스를 도입해야 하는가?**

▸ **일반 기업의 답변:**

A1. ○○항공은 고객 서비스 품질을 향상시키고, 24시간 대응 가능한 서비스를 통해 고객 편의성을 높이며, 동시에 CS 인력을 효율적으로 운영해 비용 절감을 실현하기 위해 챗봇 서비스를 도입하려고 합니다.

▸ **실리콘밸리식 답변:**

A1. ○○항공은 평소 고객이 서비스 센터로 전화를 했을 때 상담원 통화까지 평균 20분을 기다려야 하는 대기 시간을 없애고, 고객의 문의에 즉각적으로 대응하기 위해 24시간 고객상담이 가능한 챗봇을 도입하려고 합니다. 또한 전체 고객의 35퍼센트를 차지하는 ○○항공의 해외 고객들이 한국

서비스 운영 시간인 오전 9시부터 오후 7시 이후에도 항공 예약, 스케줄 확인, 환불 요청 등 다양한 업무를 시차에 구애받지 않고 처리할 수 있도록 지원하기 위한 목적도 있습니다.

또한 이번 챗봇 서비스로 인해 회사는 고객상담 센터 직원 100명을 12월 1일부터 챗봇으로 대체하여 연간 20퍼센트의 인건비를 절감할 것으로 예상하고 있습니다.

실리콘밸리식 답변은 고객 서비스 품질을 '향상'시킨다는 것이 정확하게 어떤 의미인지, 24시간 대응 가능한 '편의성'이 높은 서비스가 누구한테 왜 좋은지, 그리고 CS 인력을 '효율적'으로 운영해 비용 절감을 한다는 말은 구체적으로 어떤 의미인지 그리고 그것을 어떻게 실행할지를 모두 객관화시켜 그 뜻을 명확하게 전달한다.

**Q2. 챗봇이 고객에게 제공하는 주요 기능은 무엇인가?**

▶ 일반 기업의 답변:

A2. 챗봇은 항공권 예약 및 변경, 스케줄 확인, 환불 요청 처리, 비행기 탑승 정보 제공 등 다양한 서비스를 제공합니다.

▶ 실리콘밸리식 답변:

A2. 현재 ○○항공의 고객상담 센터로 접수되는 문의의 종류는 항공권 예약 및 변경이 55퍼센트, 환불 요청 처리가 40퍼센트입니다. 따라서 이번에 도입할 챗봇은 고객이 챗봇을 통해 항공권을 예약할 수 있는 간편 예약 기능을 제공하고, 항공권 예약 번호만 입력하면 항공권 변경과 환불 처리를 편리하게 할 수 있도록 하는 기능을 지원합니다.

실리콘밸리식 답변은 모든 기능을 나열하기보다 우리가 제공하는 서비스에서 고객에게 어떠한 기능이 중요하며 그것이 왜 중요한지, 그리고 고객이 어떻게 이 기능을 사용할 수 있는지를 구체적이고 객관적으로 설명한다.

**Q3. 챗봇이 제공하는 고객 경험은 어떻게 개선되리라 기대할 수 있는가?**

▶ 일반 기업의 답변:

A3. 챗봇은 빠른 응대와 정확한 정보 제공을 통해 고객 대기 시간을 줄이고, 24시간 언제든지 도움을 받을 수 있는 편리한 서비스를 제공합니다.

▶ 실리콘밸리식 답변:

A3. 챗봇은 현재 평균 20분이 걸리는 고객상담 센터의 대기 시간을 없애고 고객의 문의에 신속하게 대응하여 상담 대기 고객의 불편함을 대폭 개선할

것으로 예상합니다.

또한 해외에서 ○○항공을 이용하는 고객들이 챗봇을 통해 한국 서비스 운영 시간인 오전 9시부터 오후 7시 이후에도 항공 예약, 스케줄 확인, 환불 요청 등의 업무를 처리할 수 있어 해외 고객들의 서비스 접근성을 높일 것으로 예상됩니다.

이 외에도, 직원들이 상담 업무의 95퍼센트를 차지하는 항공권 예약, 변경 및 환불 처리 업무 대신 고객 경험을 더욱더 개선할 수 있는 서비스 프로세스 혁신 업무에 집중하게 됩니다. 이를 통해 업무 처리 속도가 평균 30퍼센트 향상되고, 직원들의 업무 만족도 또한 상승하는 효과를 기대할 수 있을 것으로 예상합니다.

실리콘밸리식 답변은 '고객 대기 시간을 줄인다'는 것을 객관적인 지표로 나타내고, 24시간 언제든지 도움을 받을 수 있는 서비스가 누구에게 왜 '편리'한지 매우 구체적이고 명확하게 구술한다. 또한 '고객'을 서비스와 접점이 있는 모든 사용자로 정의하여, 외부 사용자뿐만 아니라 내부 사용자인 '상담 센터 직원들'까지 그들의 고객 경험이 어떻게 향상되는지를 서술한다.

## PR/FAQ 글쓰기 방식의 차이:
## 실전 보고서 예시

이번에는 실전 보고서 예시를 통해 PR/FAQ 글쓰기를 명확하게 이해해보도록 하자. 다음은 일반 기업이 많이 사용하는, 업무 내용을 요약하는 형태의 보고서 예시다.

---

**유튜브 콘텐츠 채널 운영 결과 보고 건 (2024. 10~12)**

---

**개요(Background)**

- 기간: 2024. 10~12(90일간)/기존 기간 60일→ 90일로 변경
- 업로드 동영상 수: Total 40개(동영상 20개, 쇼츠 20개)

**결과 및 이유(What + Why)**

- 매출 분석(vs. 전년 동 기간): TTL 1,550,500,000원 (+228% vs 전년) 브랜드 메인 모델의 상담형 영상 콘텐츠가 30~40대 여성 메인 타깃의 니즈와 맞아 흥미와 관심을 이끔. 그로 인해 홈페이지 고객 유입과 매출 증가에 큰 영향을 미침

**후속 조치(How)**

- 일정: 2025. 01~02(30일간)

- 동영상 업로드 횟수 증가 (주 2회)

- 전문가와의 콜라보 형식 영상 콘텐츠 추가 (전체 영상 중 2회)

- 구독자 대상 댓글 이벤트 진행 (2-3회/주)

- 비용

   (1) 동영상 제작 비용: 1,000만 원

   (2) 전문가 섭외 비용: 600만 원

   (3) 프로모션 진행 비용: 400만 원

   → 총 예상 비용: 2,000만 원

**기대 효과(Effect)**

- 후속 조치를 통한 고객 유입 지속 및 매출 +115% 달성 가능

이런 형식의 보고서를 사용했던 기업에서 실리콘밸리식 글쓰기 기반의 업무 프로세스, 즉 논술형 글쓰기와 조직의 집단지성을 활용한 검토 프로세스를 도입했다고 가정해보자.

첫 번째 단계는 동일한 보고 내용을 논리적으로 풀어 서술해보는 것이다.

**▸ 변경 전**

**개요(Background)**

- 기간: 2024. 10~12(90일간)/기존 기간 60일→ 90일로 변경
- 업로드 동영상 수: Total 40개(동영상 20개, 쇼츠 20개)

**▸ 변경 후**

마케팅팀은 지난 2024년 10월부터 12월까지 총 90일간(기존 60일에서 90일로 변경) 유튜브 채널에 동영상 20개와 쇼츠 20개, 합계 40개를 업로드했습니다.

→ 왜 영상을 업로드했는가?

→ 이를 통해 달성하고자 하는 최종 업무 목표가 무엇인가?

보고 내용을 논리적으로 서술해놓으면 보고 작성자는 '왜 이러한 행위를 했는지'에 대해 설명해야 할 필요성을 자연스레 느끼게 된다. 따라서 업무 담당자가 위 보고 내용을 서술하여 보고할 때는 이 문장의 논리를 완성하기 위해 이러한 일을 한 '이유'와 '최종 목표'에 대해서 다시 한번 떠올리고 그 내용을 보고서에 기재하게 된다. 즉, 업무를 하는 목적 의식과 목표가 뚜렷해지는 것이다.

기업에서 직원들이 업무 수행을 할 때, '왜 이 업무를 하는지'에 대한 뚜렷한 목적을 인지하는 것은 매우 중요하다. 그래야만 목적에 맞는 명확한 업무 목표를 세울 수 있고, 자신의 행동이 업무 목표에

부합하는지를 지속적으로 점검하고 이를 통해 업무의 방향성과 실행 방식을 스스로 조율하고 개선해 나갈 수 있기 때문이다.

▸ **논술형 보고 서식**

**개요(Background)**
**마케팅팀은 [명확한 업무 목적 xyz]를 위해서 지난 2024년 10월부터 12월까지 총 90일간(기존 60일에서 90일로 변경) 유튜브 채널에 동영상 20개와 쇼츠 20개, 합계 40개를 업로드했습니다.**

하지만 실리콘밸리식 글쓰기 기반의 업무 프로세스는 이게 전부가 아니다. 조직의 집단지성을 활용해 조직이 미리 보고 내용을 검토하고 피드백을 주어 업무 담당자가 보고 내용에 대해 한층 더 비판적이고 분석적으로 생각할 수 있도록 유도하기 때문이다.

이러한 업무 프로세스에 따라 위 논술형 보고서 초안을 읽는 조직은 다음과 같은 질문들을 던질 수 있다(보고서 초안에 이 내용이 포함되지 않았을 경우).

**1. 왜 마케팅 기간을 기존 60일에서 90일로 변경했는가?**
**2. 원래 기존 60일 기간을 염두에 두고 계획한 동영상이 40개인지, 아니면 동**

영상 업로드 수도 기간을 조정하면서 변경됐는지?

3. 왜 동영상 20개, 쇼츠 20개를 올리게 됐는지?

4. 누구를 타깃으로 한 동영상이었는지? 그 기대 효과는 무엇이었는지? 이 업무의 궁극적인 '성공 지표'는 어떻게 정의했는지?

업무 담당자는 동료들이 문서에 구체적으로 기록한 이와 같은 질문들에 대해 신중하게 고민하며 답변을 이어가게 된다. 그리고 이 과정을 통해 자신이 업무를 하는 이유와 목적, 성과 달성에 대해서 한층 더 깊게 생각하게 된다. 그리고 이는 모든 업무에서 뚜렷한 목적과 결과를 결부지어 생각하는 비판적 사고를 강화시켜 업무의 질을 향상시키고 업무 효율성을 높이는 역할을 한다.

▸ **조직의 집단지성을 활용한 검토 프로세스 진행 후 바뀐 보고 서식**

**개요(Background)**

마케팅팀은 [명확한 업무 목적 xyz와 업무 목표 ABC]를 달성하기 위해서 지난 2024년 10월부터 12월까지 총 90일간(기존 60일에서 90일로 변경) 유튜브 채널에 동영상 20개, 쇼츠 20개, 합계 40개를 업로드했습니다.

유튜브 채널에 올린 동영상은 [고객 xyz]를 타깃으로 한 내용으로, 기대 효과는 [무엇]이었으며, 마케팅팀은 이 업무의 성공 지표를 [무엇]이라고 정의했습니다.

본래 마케팅팀에서 해당 기간 동안 계획했던 유튜브 업로드 동영상과 쇼츠 수는 각각 x개, y개였는데, [어떠한 이슈] 때문에 y개가 [추가되어/줄어들어] 총 40개의 동영상과 쇼츠를 업로드하게 되었습니다.

또한 기존에 홍보마케팅팀이 예상했던 동영상 노출 기간은 60일이었으나 기간을 연장해 90일 동안 진행하였는데, 그 이유는 [무엇] 때문입니다. 그리고 이와 같은 변동 사항은 앞으로의 업무 진행에서 [어떻게] 반영할 계획입니다. [+이러한 변화가 앞으로의 업무에 미칠 수 있는 영향에 대해서도 기재(해당 사항이 있는 경우)]

## 실리콘밸리식 업무 프로세스에 따라 작성한 보고서: 풀버전 예시

**유튜브 콘텐츠 채널 운영 결과 보고 건 (2024. 10~12)**

▸ 개요(Background)

마케팅팀은 [명확한 업무 목적 xyz 업무 목표 ABC]를 달성하기 위해서 지난 2024년 10월부터 12월까지 총 90일간(기존 60일에서 90일로 변경), 유튜브 채널에 동영상 20개, 쇼츠 20개, 합계 40개를 업로드했습니다.

유튜브 채널에 올린 동영상은 [고객 xyz]를 타깃으로 한 내용으로, 기대 효과는 [무엇]이었으며, 마케팅팀은 이 업무의 성공 지표를 [무엇]이라고 정의했습니다.

본래 마케팅팀에서 해당 기간 동안 계획했던 유튜브 업로드 동영상과 쇼츠 수는 각각 x개, y개였는데 [어떠한 이슈] 때문에 y개가 [추가되어/줄어들어] 총 40개의 동영상과 쇼츠를 업로드하게 되었습니다.

또한 기존에 마케팅팀이 예상했던 동영상 노출 기간은 60일이었으나 30일 연장하여 90일 동안 진행하였는데, 그 이유는 [무엇] 때문입니다. 그리고 이와 같은 변동 사항은 앞으로의 업무 진행에서 [어떻게] 반영할 계획입니다.

▸ **결과 및 이유(What + Why)**

지난 2024년 10월부터 12월까지 총 90일간 진행한 유튜브 마케팅은 총매출 TTL 1,550,500,000원을 달성했습니다.

이는 전년 동 기간과 비교하여 +228% 성장한 지표로, 성장 기여도 분석 결과 [어떠한 요인 때문에 228% 성장했다는 지표]로 나타났습니다. 이는 동종 업계의 평균 성장률에 비교하여 [XX% 높은/낮은 수치]입니다. (+228% 성장이 좋은 지표인지 나쁜 지표인지 객관적으로 판단하여 기재)

총매출 TTL 1,550,500,000원은 마케팅팀에서 해당 기간 동안 설정한 목표 매출 [ ]원 대비 [ ]원을 [상회/하회]한 금액으로, 이 같은 차이는 [어떤] 요인 때문에 발생하였습니다. (우리의 업무 목표 대비 이 매출액이 좋은 지표인지 나쁜 지표인지를 객관적으로 판단하여 기재)

또한 브랜드 메인 모델의 새로운 상담형 유튜브 채널이 30~40대 여성 메인 타깃의 니즈와 맞아 30~40대 여성 홈페이지 고객 유입은 전년 동 기간 대비 [ ]% 증가한 [ ]명으로 집계됐고, 이는 전 연령대를 기준으로 한 홈페이지 고객 유입 증가율 [ ]% 대비 [ ]% 이상 높은 수치였습니다. 또한 상담형 유튜브 채널에서 발생한 매출은 [ ]원으로, 총 매출의 [ ]%를 차지했고, 이는 전년 동 기간 대비 [ ]% 증가한 금액입니다. (상담형 유튜브 채널이 고객 유입과 매출에 실제 어느 정도 '큰 영향'을 미쳤는지 객관적으로 나타낼 수 있는 지표 사용)

▸ **후속 조치(How) 및 기대 효과(Effect)**

[명확한 업무 목표 xyz]를 달성하기 위해서 2025년 1월에서 2월까지 총 30일간, [누구/무엇을 타깃으로 한] 유튜브 동영상을 주 2회 업로드할 예정입니다. 그중 2회는 전문가를 섭외, 인터뷰형 영상으로 제작·업로드할 예정입니다. 이 업무의 기대 효과는 [무엇]이며, 성공 지표는 [무엇]입니다. -업무 오너: 홍길동 (왜 이 업무를 하는지 명확하게 기재)

또한 동 기간 주 1회 [누구/무엇을 타깃으로 한] 구독자 대상 댓글 이벤

트도 진행할 예정입니다. 이 업무의 기대 효과는 [ ]이며, 성공 지표는 [무엇]입니다. -업무 오너: 홍길순 (왜 이 업무를 하는지 명확하게 기재)

동영상 제작과 전문가 섭외 비용, 프로모션 진행 비용은 각각 1,000만 원과 600만 원, 400만 원으로, 총 합계 비용은 2,000만 원입니다. 비용 대비 기대 매출은 [x]원으로, 마케팅 ROI(투자대비 수익률)는 [x]로 예상됩니다. 이는 마케팅팀의 평균 ROI [ ]%보다 [높은/낮은] 것으로, [그래서 이러한 목표 ROI를 예상했을 때 왜 다른 후속 조치가 아니라 이 업무를 해야 하는지에 대한 설득력 있는 이유를 명확하게 설명].

언제부터인지는 모르겠으나, 많은 국내 기업들이 업무와 관련된 효율적인 커뮤니케이션에 대한 본질을 놓치고 있는 것 같아 조금은 안타깝게 생각한다. 보고는 무조건 '간소'하고 '간략'하게, 가급적이면 한 페이지로 요약해 작성해야 한다는 인식이 대표적이다. 정말 그럴까?

기업에서 업무 문서를 효율적으로 쓰자는 취지는 예를 들면, 파워포인트 자료 멋있게 꾸미기 같이 보고 내용의 효율적인 전달과 관계없는 업무량을 줄이자는 것이지, 내가 보고할 내용을 비판적이고 분석적으로 생각해보는 행위 자체를 없애자는 의미가 아니다.

물론 업무 내용을 요약한 형식의 보고서는 핵심 내용을 빠르게 파악할 수 있다는 매우 큰 장점을 가진다. 하지만 이러한 형식의 보고서에는 매출이 전년 동 기간 대비 228퍼센트 성장한 사실이 객관적으로 좋은 지표인지 나쁜 지표인지(경쟁 업체의 성장률이 500퍼센트였다면 228퍼센트 성장은 평균 이하의 성적일 테고, 경쟁 업체의 성장률이 마이너스 100퍼센트였다면 매우 좋은 지표라고 할 수 있을 것이다), 이와 같은 매출 금액이 우리가 본래 목표했던 예상치에 근접한 것인지 등 업무 내용을 객관적으로 분석하게 만드는 업무 장치가 빠져 있다.

반면 실리콘밸리식 논술형 글쓰기가 기반이 된 보고서는 오해의 소지가 없는 명확하고 객관적인 업무 커뮤니케이션을 가능하게 할 뿐만 아니라 직원들의 비판적 사고력을 강화하여 업무의 질을 한층 높여준다.

직원들로 하여금 업무를 하는 목적과 이유, 성공적인 결과에 대해 끊임없이 질문하고, 직원들 스스로 업무에 대한 자기 검열을 할 수 있게 하는 이러한 프로세스야말로 기업의 성과 달성에 꼭 필요한 효율적인 커뮤니케이션이 아닐까?

# 스타트업일수록 더욱 필요한
# PR/FAQ 프로세스

## 린스타트업이 능사가 아닌 이유

PR/FAQ는 아마존 같은 대기업에서만 활용 가능한 프로세스가 아니라 스타트업이든 대기업이든 기업의 규모와는 상관없이 어느 기업에서나 도입하여 의도한 효과를 볼 수 있는 프로세스다.

사실 PR/FAQ 프로세스의 도입 효과는 스타트업에서 더욱 두드러진다. 빠른 실행을 강조하는 린스타트업 방법론이 마치 스타트업 운영 방식의 정석처럼 받아들여진 까닭에 제품에 대한 내부 검토를 소홀히 하는 스타트업들이 상대적으로 더 많기 때문이다.

실리콘밸리의 벤처 창업자, 에릭 리스Eric Ries가 고안한 린스타트업 방법론은 완벽한 제품보다는 시장의 반응을 빠르게 테스트해볼 수 있는 '최소 기능 제품Minimal Viable Product, MVP'(이하 MVP)을 출시하여 고객의 피드백을 토대로 제품을 점진적으로 개선해나가는 제품 개발 방식이다.

하지만 어떤 형태의 제품이든 제품 개발에 착수하기 전에 기업 내부적으로 제품-시장 적합성과 사업 계획의 타당성 여부를 꼼꼼하게 검토하는 과정을 소홀히 해서는 안 된다. 스타트업이라고 해서 타당성 검토를 꼼꼼하게 진행하지 않고 MVP를 만드는 데만 몰두하면 값비싼 기회비용을 치르게 될 수도 있다.

예전에 국내의 어느 한 스타트업도 이러한 내부 검토 과정을 생략하고 약 5개월에 걸쳐 MVP를 만들어 출시했으나 단 3개월 만에 서비스를 중단했다. 생각보다 이용 고객이 많지 않았기 때문이다. 이렇듯 제품에 대한 면밀한 내부 검토 과정을 생략하고 MVP를 만들면 기업의 자원만 불필요하게 낭비하는 결과를 초래할 수 있다.

또한 스타트업이라고 해서 사업 계획의 부족한 부분을 보완하거나 대비하지 않은 채 그대로 제품을 출시하면 제품-시장 적합성을 가진 제품을 출시했더라도 실패를 맛볼 수 있다.

특히 실행을 통한 학습 비용이 많이 드는 사업 모델의 경우, 사업추진 과정의 시행착오가 사업 실패를 초래하는 직접적인 원인이 되기도 한다. 하버드 비즈니스 스쿨 교수인 토머스 아이젠만Thomas

Eisenmann이 엔젤 투자자로 참여한 스타트업 퀸시 어패럴Quincy Apparel이 대표적인 사례다. 퀸시는 전문직 여성을 위한 맞춤 정장을 온라인으로 판매하는 회사로, 고객의 재구매율이 39퍼센트나 되는 성공적인 서비스를 출시했음에도 서비스 출시 후 1년도 안 돼 사업을 중단했다. 해당 산업 분야에 대한 전문 지식이 없었던 공동 창업자들이 의류 생산 과정에서 발생하는 중대한 문제들, 이를테면 품질 이슈나 납품 지연 문제 등을 제대로 해결하지 못했기 때문이다. 그렇게 퀸시는 정상적인 사업 운영이 어려워지면서 문을 닫았다.

물론 제품을 출시하기 전에 모든 경우의 수를 완벽히 대비하고 준비하기란 불가능하다. 하지만 기업 내부적으로 아직 준비가 덜 된 상태에서 성급하게 제품부터 출시하게 되면 사업을 실행하는 과정에서 수많은 시행착오가 발생할 수밖에 없음을 기억해야 한다. 그리고 시간과 자금이 생명인 스타트업에게 이러한 문제들은 매우 치명타가 될 수 있다.

따라서 스타트업이라고 해서 무작정 MVP를 만들고 빠르게 실행하기보다는 회사가 출시하려는 제품이 올바른 제품인지 다소 시간이 걸리더라도 꼼꼼하게 분석하고 객관적으로 판단하는 과정을 거쳐야 한다. 스타트업 기업의 평균 생존율이 10퍼센트 이하임을 고려할 때, 제품 출시에 대한 현명한 결정은 곧 스타트업의 생존을 좌우하는 문제라는 점을 꼭 기억해야 할 것이다.

## 혁신적인 제품과 린스타트업의 한계

물론 린스타트업 방법론이 무조건 잘못되었다고 이야기하는 건 아니다. 실제로 제너럴 일렉트릭 등 미국의 대기업들도 한때 린스타트업을 도입했었고, 이러한 제품 기획 방식으로 좋은 성과를 낸 스타트업들도 여럿 있다.

하지만 또 한편으로 '실리콘밸리의 독약'으로 불릴 만큼 린스타트업에 대한 찬반 여론이 거센 것도 사실이다. 반대 목소리를 내는 대표적인 인물로는 페이팔의 공동 창업자이자 《제로 투 원》의 저자, 피터 틸과 피터 틸의 벤처캐피털 회사인 파운더스 펀드의 파트너인 키스 라보이스Keith Rabois가 있다.

고객의 피드백에 의거하여 제품과 서비스를 개선해 나가는 린스타트업은 기존 제품이나 서비스를 점진적으로 개선해 나가는 데 효율적인 방법임은 분명하다. 직접 고객에게 물어보는 것만큼 제품에 대한 확실한 피드백을 받을 수 있는 방법은 없기 때문이다.

하지만 '고객'이라는 집단의 보편적인 피드백은 기존 시장을 파괴하고 새로운 시장을 만들어내는 혁신적인 제품이나 서비스를 만드는 데 한계가 있다. 여기서 중요한 포인트는 린스타트업이 우리가 기존에 접해보지 못했던 혁신, 즉 완전히 새롭고 획기적인 제품의 제품-시장 적합성을 검증하는 데는 한계가 있다는 점이다.

헨리 포드가 했다고 전설처럼 내려오는 얘기 중 하나로, "고객에게 원하는 것이 무엇인지 물었다면 더 빠른 말馬이라고 했을 것"이라는 말은 이와 같은 보편적인 집단의 생각의 한계를 잘 나타낸다. 또한 애플의 스티브 잡스도 "포커스 그룹에 맞춰 제품을 디자인하는 건 진짜 어려운 일이다. 대부분의 사람들은 제품을 보여주기 전까진 자신들이 원하는 게 뭔지 정확히 모르기 때문"이라고 말했다. 이처럼 혁신적인 제품의 경우 린스타트업의 적용 범위에 한계가 더욱 명확한 것을 알 수 있다.

## MVP가 아닌 MLP를 만들어라

이러한 이유로 혁신에 죽고 사는 실리콘밸리의 기업들은 기업이 이끌어야 할 제품 혁신에 직접적인 걸림돌로 작용할 수 있는 린스타트업 이론을 맹신하지는 않는다. 린스타트업 이론에서 이야기하는 MVP를 만들어서 혁신적인 제품과 서비스의 시장 적합성을 검증하는 경우도 매우 드물다.

이러한 내막을 조금 더 자세히 설명하자면 이렇다. 우선 먼저 이들 기업들이 주력하는 최고의 고객 만족을 선사하는 혁신적인 제품과 서비스는 린스타트업이 말하는 '최소 기능 형태'로 출시되기 어렵다. 그들이 지향하는 혁신적인 제품은 최고의 고객 경험을 제공하는 제품이므로, 최소 기능만을 제공하는 형태로 출시한다는 것 자체가 다소 모순적이기 때문이다.

따라서 이들 기업들은 이러한 부분을 보완하기 위해 최소 기능 제품이 아니라 최소 선호 제품Minimum Lovable Product, MLP, 즉 사용자가 불편함을 감내하고 사용하는 것이 아니라 처음부터 좋아하는 초기 제품을 만들어 고객의 반응을 살핀다. 여기서 중요한 포인트는 고객이 제품을 좋아하게 만드는 데 필요한 최소한의 기준을 가진 '최소 선호 제품'과 '최소 기능 제품'은 단어 하나 차이지만 전혀 다른 제품이라는 점이다.

만약 애플이 1세대 아이폰의 혁신적인 제품 디자인과 고객 경험을 쏙 빼고(최소 선호 제품), 최소한의 스마트폰 터치 기능만 구현하는 제품으로(최소 기능 제품) 고객의 반응을 테스트해 보고 제품-시장 적합성을 검증하려 했다고 가정해보자. 과연 애플이 고객의 초기 피드백에 근거하여 제품에 대한 정식 출시 결정을 자신 있게 내릴 수 있었을까? 고객의 보편적인 피드백을 통해 아이폰의 혁신적인 디자인과 고객 경험을 점진적으로 만들어낼 수 있었을까? 아무도 장담할 수 없다.

이는 혁신에 대한 학계의 이론과도 일맥상통하는 부분이다. 미국의 저명한 사회학자 에버렛 로저스Everett Rogers가 발표한 혁신의 확산

이론Innovation Diffusion Theory에 따르면, 그때까지 존재하지 않았던 혁신적인 제품이나 아이디어가 대중에게 확산되기 전에는 대다수의 사람이 이전과 다른 생소한 경험에 대해 저항감을 보인다고 한다. 따라서 고객이 초기 저항을 보일 가능성이 높은 혁신적인 제품에 대한 평가와 시장 적합성 판단을 오로지 고객의 피드백에만 의거하여 내리는 것은 혁신적인 제품 출시를 너무 일찍 포기하게 만들 수도 있다.

이와 같은 이유로 실리콘밸리의 혁신 기업들은 새로운 시장을 만들어내는 혁신적인 제품과 서비스의 제품-시장 적합성을 검증하는 데 린스타트업 방법론을 사용하는 경우가 드물다. 애플이나 아마존과 같은 세계적인 기술 기업에서 린스타트업이 말하는 최소 기능 제품을 만들어 시장에 정식으로 출시하는 경우는 아마 거의 찾아볼 수 없을 것이다. 물론, 넷플릭스처럼 이미 구축된 서비스 플랫폼 안에서 고객의 경험을 지속적으로 개선시키기 위해 A/B 테스트 등을 통해 사용자 경험을 개선해 나가는 경우는 있다. 하지만 이러한 업무는 기존에 있던 제품의 고객 경험을 점진적으로 개선해 나가는 것일 뿐 이번 챕터에서 다루고 있는 완전히 새로운 고객 경험이나 신사업에 관련된 것은 아니다. 결정적으로 이들 기업에서 출시하는 베타 제품은 최소 기능 제품이 아니라 최소 선호 제품에 더 가깝다.

성공한 실리콘밸리의 기업들은 혁신적인 제품과 서비스 출시 결정에 앞서 기업 내부적으로 신사업 추진에 대한 철저한 타당성 검증을 가장 우선시한다. 이를 위해 열린 사고를 가능하게 해주는 체계적인 프레임워크와 제품 출시의 타당성 여부를 꼼꼼하고 치밀하게 분석할 수 있게 해주는 프로세스를 운영하는 것이다. 이렇게 제품이 고객에게 주는 가치를 면밀하게 분석한 후, 제품에 대한 최종 출시 결정을 내림으로써 그들은 결국 성공할 수밖에 없는 제품과 서비스를 만들어낸다.

| 제품 출시를 위한 PR/FAQ 적용하기 2 |

# 누구나 납득할 수 있는 근거를 확보하라

## PR/FAQ 프로세스가 의도한 결과를 내려면

다음은 국내 기업에서 PR/FAQ 프로세스를 활용하여 신규 서비스 출시를 검토한 사례다. 당시 이 기업은 '메타어스'라는 이름의 메타버스 기반 부동산 게임 서비스 런칭을 준비 중이었는데, 신규 서비스 출시에 대한 찬반 의견이 내부적으로 분분하여 PR/FAQ 프로세스를 통해 보다 투명하게 해당 서비스 출시의 타당성을 검토하고자 했다.

다음 내용은 이 기업에서 작성한 PR/FAQ 문서 일부를 발췌한 것이다.

### FAQ 1. '메타어스'는 어떤 서비스인가요?

메타어스는 가상현실과 블록체인 기반의 3D 부동산 게임 서비스입니다. 사용자는 메타어스에서 가상의 부동산을 소유하고 주거 및 상업 시설을 건설하여 다른 사용자들과 함께 즐길 수 있습니다.

사용자는 먼저 메타어스 서비스 플랫폼 내의 토지를 구매한 후, 나만의 랜드마크, 리조트, 쇼핑몰 등의 상업 및 단독 주택, 주상 복합, 아파트 등의 주거 시설 건물을 건설할 수 있습니다.

사용자는 부동산 건설을 통해 가상 자산을 취득하고 이를 NFT(Non Fungible Token의 약자로 대체 불가능한 토큰을 의미한다) 형태로 소유할 수 있으며, 본인 소유의 가상 자산을 마켓플레이스에서 판매할 수도 있습니다.

메타어스에서 건설이 가능한 건물 타입과 디자인 유형은 메타어스 디자인 스튜디오에서 제공됩니다. 사용자는 자신의 건물을 영화관, 쇼핑몰, 전시장, 파티장 등으로 사용할 수 있고, 메타어스 커뮤니티를 초대해 함께 즐길 수 있습니다. 유명 랜드마크가 있는 장소나 세계 유명 도시 등은 메타어스 플랫폼 안에서도 인기 지역입니다. 따라서 인기 지역의 토지 구매는 경쟁률이 높아 먼저 선점하시면 추후 토지 및 건물 가격 상승면에서 유리할 수 있습니다.

현재 메타어스 서비스는 Phase 1 단계로 게임 내 토지 구매만 가능합니다. Phase 2에서는 코인 발행을 통한 게임머니 도입, Phase 3에서는 메타어스 디자인 스튜디오를 통한 건물 짓기와 가상 자산 NFT 등록이 런칭될 예정이며 런칭 날짜는 [XX년 X월 후] 추가 공지 예정입니다.

**FAQ 2. 메타어스 서비스는 고객의 어떤 문제를 해결해주나요?**

메타어스 서비스의 목적은 사용자들이 가상 부동산 자산을 취득하고 관련된 경제 활동 및 다양한 게임을 즐길 수 있는 3D 부동산 기반의 메타버스 게임을 제공하는 것입니다.

메타어스 서비스는 사용자들에게

- 현실에서 쉽게 소유하지 못하는 부동산 소유의 대리 만족을 느끼게 해주고
- 소유한 부동산을 블록체인 기반 NFT로 등록하면서 가상 자산의 가치를 인정받으며
- 본인 소유의 부동산 자산을 이용한 경제활동 게임 및 메타어스만의 유니크한 게임 미션 콘텐츠를 커뮤니티와 재미있게 즐기고
- 서비스 내 경제활동과 관련된 지급 결제 수단으로 ○○ 코인을 도입하고 상장하여 사용자들에게 매력적인 투자처를 제공합니다.

**FAQ 3. 왜 이 서비스를 우리 회사가 출시해야 하나요?**

우리 기업은 2013년 설립 당시부터 진입 장벽이 높은 부동산 투자의 대중화를 목적으로 서비스를 운영해왔습니다. 우리 기업이 지금까지 현실 부동산 투

자 대중화에 앞장섰다면, 앞으로는 메타버스에서의 가상 부동산 투자뿐만 아니라 부동산을 직접 소유하고 이를 이용한 엔터테이먼트 대중화에 선두주자가 되는 것이 목표입니다. 메타버스에 참여하는 MZ 세대들은 3D 부동산 게임이라는 컨텐츠를 통해 부동산에 대한 이해도와 자산의 가치를 재미있게 알아갈 수 있을 것입니다.

가상 3D 건물 제작, 게임 콘텐츠 제작, 게임머니 코인 발행, NFT 등록은 회사가 새롭게 시도하는 영역입니다. 따라서 메타어스의 비전을 수행하려면 관련 전문 인력의 보강이 필요한 것이 사실입니다. 그러나 회사가 계속 현실 세계의 플레이어로만 남을지, 앞으로의 새로운 생태계인 메타버스에 진출할지에 대해 고민한 결과, 미래 생태계에 빨리 진입하여 부동산 시장을 선점하자는 전략적 결론을 내렸습니다.

이 회사에서 준비한 답변을 읽어본 여러분들은 어떤 생각이 드는가? 해당 서비스의 제품-시장 적합성이나 사업 계획의 타당성을 명확하게 찾을 수 있는가? 몇 번을 읽어봐도 명확하지 않다면, 이는 현재 시장에 적합하지 않거나 사업의 타당성이 부족하다는 의미다. 그리고 이것이 바로 PR/FAQ 프로세스가 의도한 결과라고 할 수 있다. 이 프로세스에서는 PR/FAQ에서 명확한 답변이 가능한 제품/서비스 또는 사업 계획만이 출시 타당성이 있다고 보기 때문이다.

이 회사에서 서술한 답변은 각 답변이 내세우는 여러 가설을 입

증해주는 정확한 근거나 회사가 추진하고자 하는 사업 실행 방안에 대해 누구나 납득할 만한 구체적인 설명이 부족하다. 예를 들어 "메타어스 서비스는 고객의 어떤 문제를 해결해주나요?"라는 질문에 대한 답변을 살펴보자. 고객이 메타어스를 통해 부동산 소유에 대한 대리 만족을 느낄 것이라는 가설에 대한 근거는 무엇인가? 이 서비스가 제공하는 '경제적인 가치'가 고객이 절실히 필요로 하는 것이라는 가정을 명백하게 입증할 만한 근거가 부족하다.

세 번째 질문인 "왜 이 서비스를 우리 회사가 출시해야 하나요?"도 마찬가지다. 이 질문에 대한 답변에서는 회사가 새롭게 시도하는 영역에서 발생할 수 있는 문제가 무엇인지, 사업 실행은 어떻게 할 것인지 등 사업 계획의 타당성을 투명하게 공론화할 수 있는 구체적인 내용이 부족하다.

이러한 문제들에도 불구하고 이 회사는 당시 선풍적인 트렌드로 급부상했던 메타버스 사업에 진출하기 위해 해당 서비스 출시를 강행했다. 그리고 얼마 지나지 않아 사업성 악화로 서비스를 중단했다. 이미 서비스를 만드는 데 상당한 시간과 자원이 투입된 후라, 결국 값비싼 기회비용만 지불하게 된 셈이다. PR/FAQ 프로세스를 도입한 본래의 취지대로 제품 출시 결정을 내렸다면, 충분히 피할 수 있었던 결과라 아쉬움이 많이 남는 사례다.

# PR/FAQ 프로세스를
# 실무에 제대로 도입하려면

## 언어와 사고방식의 상관관계

기업에서 FAQ 프로세스를 처음 도입할 때 반드시 동반되어야 하는 것은 앞서 설명한 정확한 업무 커뮤니케이션 프로토콜에 관한 교육이다. 즉, 먼저 교육을 진행한 후 코멘트를 해주면서 시간에 따라 점진적으로 개선해나가야 한다.

    이러한 내부 프로토콜 없이 PR/FAQ 프로세스를 무작정 따라 했다가 낭패를 보는 회사들도 꽤 있다. 실제로 예전에 한 고객사와 PR/FAQ를 진행하던 중, 이 회사에서 작성한 FAQ 문서를 보고 깜짝 놀란 적이 있다. 하나 예를 들자면, 제품 출시에 위험 요소로 작용할 수 있는 리스크를 묻는 질문에 '개발자가 퇴사하면 제품 출시에 막대한 차질이 있다'는 답변이 기재되어 있었다. 실제 개발자가 퇴사하겠다는 의향을 밝혀서 이러한 답변을 한 것인지, 아니면 제품 출시와 관련된 일반적인 리스크를 얘기하는 것인지, 막대한 차질이란 게 정확하게 무엇인지, 그래서 차질이 생기면 어떻게 해결하겠다는 뜻인지 도무지 알 수 없었다. 이렇게 작성하면 문서를 만들기 위한 작업만 될 뿐, PR/FAQ 프로세스를 도입하는 의미가 없다. 따라서 이 프로세스를 제대로 활용하려면 명확한 답변의 사례를 제시하고 언어의 정확성을 교육하는 직원 교육이 동반돼야 한다.

내가 언어의 정확성을 계속해서 강조하는 이유는 우리가 사용하는 언어가 생각의 방식에도 큰 영향을 끼치기 때문이다. 실리콘밸리식 커뮤니케이션을 체험하면서 사고력과 실행력에 많은 변화를 겪은 내가 바로 그 영향력을 직접 느낀 사람이기도 하다. 언어와 인간의 사고방식은 매우 밀접한 관련이 있으며 언어에 따라 사고의 흐름이 달라질 수 있다는 여러 연구 결과들도 이미 존재한다. 다시 말해 사내에서 정확하고 객관적으로 커뮤니케이션하면 직원들이 보다 정확하고 객관적으로 사고할 수 있고, 사내에서 보다 능동적으로 커뮤니케이션하면 직원들이 실행 중심으로 생각하게 되는 것이다.

## PR/FAQ 프로세스 실무 도입 방법

PR/FAQ 프로세스를 도입하기로 결정했다면, 먼저 우리 회사에서 제품 출시 결정을 내릴 때 필수적으로 답변해야 할 기본 질문 템플릿을 만들어야 한다.

우리 회사만의 표준 템플릿을 만들 때는 회사가 판매하는 제품의 특성과 기업 내부에서 제품 출시 결정을 내릴 때 중요하게 생각하는 요소를 반영한다. 제품을 기획하는 업무 담당자는 회사에서 제공하는 PR/FAQ 기본 질문 외에도, 제품의 타당성 여부를 비판적으로 생각했을 때 나올 수 있는 질문을 추가하여 PR/FAQ를 작성하도록 한다. 지금 당장 대답하기 곤란하고 어려운 질문이라고 해서 질문 자체를 누락해선 안 된다. 이 프로세스의 목적이 비판적, 객관적 사고를 통해 올바른 제품 출시 결정을 내리는 것이므로 제품에 대해 비판적으로 생각할 수 있는 질문이 중요하다.

PR/FAQ 초안을 작성한 후에는 구글 닥스Google Docs나 노션Notion, 컨플루언스Confluence, 마이크로소프트 쉐어포인트MS Sharepoint 등과 같이 여러 명이 동시에 공동으로 수정할 수 있는 문서 형태로 조직과 공유하고 내용을 함께 리뷰한다.

이 리뷰 세션에서는 PR/FAQ 문서를 약 20분간 찬찬히 읽어보며 이해가 잘 되지 않는 부분이나 설명이 논리적이지 않은 부분, 제품 출시안에 대해 추가적으로 궁금한 점 등을 직접 문서에 기재하는 방식으로 정확하게 피드백한다.

　PR/FAQ 문서 최종본을 완성하기 위해서는 보통 5~6차례 리뷰를 거치며 조직 구성원들의 피드백을 받고 문서를 수정하는 반복적인 프로세스가 필요하다. 한 번의 시도로 PR/FAQ 문서를 완벽하게 작성하는 경우는 매우 드물다. 그러므로 반복적인 프로세스를 통해 제품의 본질적인 가치와 사업 계획의 타당성을 최대한 비판적이고 객관적으로 검토하도록 한다.

　이러한 업무 방식이 아직 생소한 기업에서는 전체 조직 구성원들과 리뷰 세션을 진행하기 전에, 업무 담당자의 매니저가 일차적으로 문서를 리뷰하고 피드백 주는 시간을 갖기를 추천한다. 이러한 업무 방식이 낯선 상태에서 팀 전체와 PR/FAQ 문서 리뷰를 진행하게 되면, 업무 담당자는 본인의 능력이나 실력을 공개적으로 비판하는 것으로 오해할 수 있고, 조직 구성원들은 정직한 피드백을 주는 데 불편함을 느낄 수 있기 때문이다.

　그러므로 이 프로세스 도입 초반에는 직원들이 새로운 프로세스와 커뮤니케이션 방식에 적응할 수 있도록 매니저의 적극적인 코칭과 직원 교육이 필요하다. 이 시스템을 6개월 정도 꾸준히 운영하다 보면 어느덧 직원의 커뮤니케이션 방식에 분명한 변화가 생기는 것을 알 수 있다.

PR/FAQ 문서 최종본을 완성한 후에는 기업의 경영진이나 제품 출시 결정권자를 대상으로 최종 출시 승인을 검토하는 리뷰 세션을 진행한다. 이 세션에서는 PR/FAQ 최종본을 약 20분 정도 같이 읽고 40분 정도 토론한 후, 제품의 출시 승인 여부를 결정한다. 제품의 출시 승인 여부는 엄격하게 PR/FAQ 문서를 토대로 결정한다. PR/FAQ 문서가 제시하는 제품의 제품-시장 적합성이 충족되지 않았거나 실행 계획의 타당성에 대한 근거가 미흡하다면 충분한 근거를 통해 내용이 보강될 때까지 출시를 보류하거나 출시 승인을 불허해야 한다.

이 프로세스를 제대로 운영한다면, 출시 승인이 나는 경우보다 승인이 나지 않는 경우가 더 많아질 것이다. 하지만 그것이야말로 이 프로세스가 의도한 결과다. 그만큼 객관적이고 충분한 근거를 찾을 때까지 제품 출시와 관련된 질문을 던지고 그에 대한 답변을 하면서 문제를 끝까지 파고들 수 있게 해주기 때문이다. 그러니 제품 출시 승인이 나지 않았다고 해서 내부적으로 너무 조바심을 내거나 하지는 말자.

## 빠른 실행보다는
## 올바른 제품을 만들기 위한 과정

혁신적인 기업들이 혁신적인 제품을 만드는 과정은 창의적인 예술 활동이라기보다는 논리적이고 체계적인 과학 활동에 더 가깝다고 볼 수 있다. 카리스마 넘치는 기업 오너 혹은 창업자가 어느 날 갑자기 번뜩이는 아이디어로 혁신적인 제품을 만드는 것이 아니라 고객의 행동을 주의 깊게 관찰하고, 고객이 겪는 문제를 깊이 탐구하며, 고객에게 최고의 만족을 줄 수 있는 제품을 디자인하는 체계적인 '프로세스'가 뒷받침된 결과이기 때문이다.

직원들의 창의적인 사고력을 강화하고 기업 가치를 극대화할 수 있는 제품만을 선별하여 선택적으로 출시하는 이러한 제품 기획 프로세스는 기업의 운용 효율성과 확장성을 극적으로 높여준다. 세상을 바꾼 혁신적인 제품들이 바로 이런 치밀하게 설계된 내부 프로세스가 만들어낸 결과물인 것이다.

그러나 이러한 내부 프로세스가 기업의 실행 속도를 느리게 만들 것이라며 우려하는 기업들도 있다. 특히 빠른 실행과 대응이 강조되는 오늘날의 기업 환경에서는 이러한 프로세스가 많은 기업이 지향하는 애자일 업무 문화에 반한다고 생각하기도 한다. 하지만 제품을 만들 때 빠른 실행보다 더 중요한 것은 '올바른 제품'을 만드는 일이다. 제품을 개발하기 전 기업 내부적으로 제품 출시에 대한 평가를 최대한 비판적이고 객관적으로 검토하는 과정은 어떤 기업에게든 꼭 필요한 일임을 기억해야 할 것이다.

# THE POWER OF PROCESS

Operational Agility

# 3장

## 민첩하게 움직이는 조직을 만드는 스탠더드 오퍼레이팅 프로세스

# 실행력이 느린 조직과 빠른 조직의 결정적 차이

## 기업의 수익성을 좌우하는 조직의 실행력

2024년 2월 통계청 발표에 따르면, 국내 직장인들의 평균 월급은 약 353만 원(2022년 기준)이라고 한다. 이 금액을 돈을 주는 기업의 입장에서 한번 생각해보자. 353만 원에 기업이 부담해야 하는 4대 보험 및 퇴직금을 포함한 120퍼센트를 곱하면 기업은 직원 한 명당 매월 약 420만 원의 인건비를 부담해야 한다. 만약 기업에서 직원 한 명이 처리해야 할 업무 마감이 예정된 마감날보다 일주일이 지연된다면 해당 업무 처리에 드는 기회비용은 평균 약 100만 원이 더 늘어나게 되는 셈이다.

보다 더 직관적인 이해를 돕기 위해 다음과 같은 상황을 가정해보자. 제품의 가격, 품질, 수요 등 모든 것이 동일한 조건으로 100명의 직원들이 1년에 다섯 개의 제품을 출시하는 기업 A와 10개의 제품을 출시하는 기업 B가 있다. 기업 A와 B중 어느 기업이 더 우수한 기업일까? 당연히 동일한 인건비로 2배 높은 매출을 올리는 기업 B이다.

이처럼 조직의 실행 속도는 기업의 생산성과 수익성을 좌우한다. 조직의 실행력은 기업의 운영 효율성이자 비용 효율성이며, 조직의 실행력과 속도를 빠르게 하는 것은 돈을 들이지 않고 회사의 ROI를 높이는 최고의 운용 전략 중 하나다. 반대로, 조직의 속도와 실행력에 느슨한 태도를 보이는 기업은 비용 대비 매출/수익 지표가 업계 평균에 비해 나쁠 수밖에 없다. 한마디로 기업 경쟁력이 떨어지는 것이다.

만약 스타트업을 이렇게 운영한다고 해보자. 그 스타트업은 아웃풋 대비 캐시 번cash burn, 즉 결과 대비 현금 소진율이 크기 때문에 실행력이 빠른 동종업계의 타 스타트업보다 투자를 받기가 상대적으로 더 어렵다. 중소기업이나 대기업도 상황은 다르지 않아서, 조직을 이렇게 운영하면 해당 기업의 영업이익에 부정적인 영향을 끼칠 수밖에 없다.

기업에서 조직의 속도와 실행력을 강화하고자 한다면 기업의 리더가 바뀌고 주간 회의가 바뀌어야 한다. 기업 리더가 나서서 주기적으로 실행을 챙겨야 조직이 실행을 챙길 수 있는 법이니 말이다. 포춘 100대 기업 중 하나인 허니웰Honeywell의 CEO를 역임했던 래리 보시디Larry Bossidy도 그의 저서 《실행에 집중하라》에서 조직의 실행력을 강화하고 싶다면 리더가 조직의 일에 깊숙이 관여하고 실무자의 목소리를 경청해야 한다고 거듭 강조한 바 있다.

하지만 실제로 꽤 많은 회사의 경영진들이 이와는 반대의 입장을 취한다. 실무자의 일에 깊숙이 관여하기보다는 회사의 비전, 전략과 같은 부분에 보다 더 많은 시간을 할애하는 경향을 보이는 것이다. 많은 기업 리더가 성향상 오퍼레이터보다는 큰 그림을 그리는 비저너리의 자질을 상대적으로 더 많이 가지고 있는 까닭에 이러한 상황이 초래되는 경향도 있다.

하지만 조직의 리더가 실행을 챙기지 않으면 그 기업의 실행력과 속도는 뒤처지기 마련이다. '행동이 빠릿빠릿한 직원들을 뽑았으니 그들이 잘 알아서 하겠지'라는 안일한 마인드로 기업을 운영하고 있다면, 이번에 소개할 세계적인 실리콘밸리 기술 기업들이 조직의 실행을 챙기는 방식을 꼭 참고해보길 바란다. 이들 기업의 성공을 뒷받침하는 강한 조직력과 실행력이 어떻게 내부 운용 프로세스에 의해서 만들어지는지 잘 살펴볼 수 있을 것이다.

## 실행력이 느린 조직의 특징

이 프로세스를 설명하기 전에 먼저 '실행력이 느린 조직'이 보이는 세 가지 특징을 살펴볼 필요가 있다. 앞으로 설명할 실리콘밸리 기업들의 업무 관리 프로세스가 이들이 가진 문제점을 조직적으로 그리고 확장성 있게 해결하는 데 최적화되어 있기 때문이다.

실행이 느린 조직이 보이는 세 가지 특징 중 첫 번째는 업무 '계획'이 분명하지 않다는 것이다. 이들은 명확한 업무 계획 없이 일을 무작정 시작하고 보거나 처음부터 달성 불가능한 무리한 계획을 세운다.

각 업무에 대한 순서와 마감일이 명확하지 않은 상태로 일을 시작하는 것은 마치 길도 모르는 상태에서 내비게이션 없이 무작정 차를 모는 것과 같다. 당연히 목적지에 도착하는 데 불필요하게 많은 시간이 걸린다. 또한 처음부터 달성하기 비현실적이거나 무리한 계획을 세우는 조직은 원활한 업무 흐름을 위해 필요한 일의 순서와 과정을 올바르게 계획하지 않는다. 업무 계획에 따라 A라는 업무를 막상 하려고 보니, 그 업무를 처리하려면 B 업무가 선행되어야 하는데, 정작 B 업무는 처음 계획에 반영하지 않은 것이다. 업무 계획과 관련된 이러한 문제가 쌓이고 쌓이면 목표로 한 마감일이 늦어지는 것은 당연한 결과다.

두 번째는 '협업' 문제다. 직장인이라면 누구나 회사 내 다른 팀 혹은 부서 사이에 업무 협업이 원활하게 이루어지지 않아 업무가 지연됐던 경험이 있을 것이다. 기업의 경영진들은 이러한 사내 협업 문제가 협업에 비협조적인 팀원 개인의 문제라고 생각할 수 있으나 나는 이 문제만큼은 100퍼센트 회사에 책임이 있다고 생각한다. 이러한 이슈가 생기는 이유는 회사의 업무 체계에서 '협업'이 '동료에게 부탁하는 형태'로 만들어져 있을 가능성이 크기 때문이다.

기업에서 협업은 누군가에게 부탁하는 협조 형태가 아닌, 사전적 의미 그대로 '많은 사람이 일정한 계획 아래 노동을 분담하여 협동적·조직적으로 일하는 것'이다. 다시 말해 최종적인 업무 목표 달성에 필요한 여러 가지 일을 부서나 팀과 상관없이 각각의 개별 업무 오너에게 분담하고, 업무 오너는 자신이 맡은 일을 책임감 있게 수행하는 것이 진정한 의미의 협업이다. 그래서 원활한 사내 협업을 추구하는 실행이 빠른 조직은 구성원들 각자가 자신이 맡은 업무의 진정한 오너가 되어 주체적인 형태의 협업을 할 수 있는 체계적인 업무 시스템을 구축한다.

마지막은 바로 '태도' 문제다. 일반적으로 업무 속도가 느린 조직은 굉장히 여유롭다. 누군가가 먼저 일 처리를 해줘야 나의 일을 진행할 수 있는데, 이러한 상황에서 마냥 여유롭게 기다린다. 혹은 일을 진행하는 과정에서 문제가 생겼는데 문제 해결을 뭉개는 등 업무를 처리하는 데 긴박감이 전혀 없다.

사실 이러한 태도 문제는 조직 구성원들보다는 리더의 문제인 경우가 더 많다. 조직의 리더가 실행을 챙기지 않거나 업무 성향이 여유로우면, 조직 구성원들도 자연스레 리더의 이러한 태도를 따라가게 되기 때문이다.

위의 세 가지 특징을 모두 다 가진 조직이라면, 이 챕터에서 자세히 설명할 실리콘밸리의 기술 기업들이 사용하는 내부 운용 프로세스를 팀 내부에서 작은 규모로라도 우선 시도해보길 바란다. 이 프로세스가 기업의 실행 속도를 느리게 하는 업무 계획에 관한 문제, 협업에 관한 문제 그리고 태도에 관한 문제를 한 방에 해결하도록 고안되어 있기 때문이다.

실제 실리콘밸리의 많은 회사들이 이러한 문제점들을 하나의 템플릿을 통해 조직적으로 해결하는 애자일 업무 관리 프로세스를 사용하고 있다. 다시 한번 이야기하지만, '애자일'이라는 명칭 때문에 앞으로 설명할 내용이 기술(혹은 디지털) 조직에만 적용되는 방법론이나 소프트웨어 개발 방식일 것이라고 오해하지 않았으면 한다. 이 프로세스는 기업의 규모나 산업 분야를 막론하고 조직의 실행 속도를 높이는 일반적인 업무 관리 방법으로서 널리 사용되고 있다. 모든 조직 구성원들이 업무를 계획하는 방법, 동료들과 협업하는 방법, 업무 관련 문제를 해결하는 방법을 기업 내부에서 체계화시켜,

조직을 말 그대로 신속하게 움직이게 하여 업무 병목 현상을 빠르게 해소하는 운영 방식이다.

이와 같은 애자일 업무 관리 프로세스는 기업의 ROI를 극대화하면서 한정적인 기업의 인적 자원을 유동적으로 분배할 수 있게 해주는 내부 시스템을 제공하기도 한다. 애자일 업무 관리 프로세스에서 제공하는 표준화된 템플릿이 인적 자원의 분배를 결정하는 데 필요한 데이터를 제공해주기 때문이다. 따라서 이번 챕터의 마지막 부분에서는 기업이 애자일 업무 관리 프로세스를 사용하여 빠르게 변화하는 기업 환경에서 신속하고 민첩하게 대응하는 방법에 대해서도 함께 설명하고자 한다.

# 실행력이 빨라지는
# 업무 관리 프로세스

## 결과가 아닌 '행동의 실행'을 관리한다

대부분의 실리콘밸리 기술 기업들은 '조직 행동의 실행'을 관리한다. 여기서 '행동의 실행'이란 수동적 보고가 아닌 능동적으로 방법을 모색하는 업무 관리 형태를 말한다. 이들 기업은 일반적인 기업들이 하듯이 '~를 달성했습니다' 혹은 '전월 대비 매출이 몇 퍼센트 올랐습니다' 등 이미 일어난 결과에 대해 말하는 수동적 보고 방식만을 고수하지 않는다. 대신 업무를 시작하기 전 '어떻게' 업무 목표를 달성할지 구체적으로 계획하고, 그 행동이 약속한 기간 안에 차질 없이 이행될 수 있는지, 그렇지 않다면 가장 빠르게 그 문제를 해결할 방법은 무엇인지 능동적으로 모색한다.

일반적인 기업에서는 '어떻게' 업무 목표를 달성할지는 전적으로 직원에게 맡기고, 회사는 그에 대한 구체적인 개입은 하지 않는 것이 보편적인 관행일 것이다. 예를 들어 기업 영업팀에서 일하는 직원의 업무 목표가 이번 분기 영업 실적 50억 달성이라고 하자. '어떻게' 50억을 달성할지에 대해서는 직원 개인의 재량에 맡기고 분기 말에 가서 그 결과에 대한 책임만 묻는 방식이 우리에게 익숙한 보편적인 업무 관리 형태라고 할 수 있다.

하지만 실리콘밸리의 기술 기업들이 사용하는 업무 관리 방식은 이와 조금 다르다. 위와 동일한 상황에서 이들 기업은 영업팀 직원에게 이번 분기 말까지 50억 영업 실적을 올리기 위한 구체적인 계획을 묻고, 그 계획에 반영된 구체적인 행동의 실행을 관리한다. 즉, 영업 성과에 대한 '결과'만을 측정하지 않고 그러한 결과를 낼 수 있는 '행동의 실행'을 관리하는 것이다.

더 명확한 차이를 느낄 수 있도록 위 두 가지 접근 방식을 체중 감량에 비유해 설명해보겠다. 체중 감량을 목표로 헬스 트레이너 선생님과 운동을 시작했다고 가정해보자. 트레이너 A는 매주 운동을 가르쳐주고 나의 체중이 줄었는지만 확인한다. 하지만 트레이너 B는 운동을 가르쳐줄 뿐만 아니라 정해진 기간 안에 목표를 달성하기 위해 내가 평소에 해야 할 운동과 식단 계획을 알려주고, 주기적으로 실행을 확인하며, 나의 행동을 지속적으로 수정하고 관리해준다. 트레이너 A와 B이 둘 중 어떤 사람과 함께할 때 체중 감량에 더 성공할 수 있을까? 결과는 자명하다.

기업에서 업무를 관리하는 방식도 이와 마찬가지다. 실리콘밸리의 기술 기업들은 조직의 실행력을 높이기 위해 다음과 같은 업무 관리 방식을 사용한다.

1. 직원들에게 목표 달성을 위한 구체적인 행동을 작은 작업 단위로 세분화시키고, 실행의 순서를 계획하도록 한다.
2. 실행의 순서를 계획할 때에는 협업이 필요한 모든 업무를 계획에 반영하고, 부서나 팀을 막론하고 명확한 업무 오너를 지정하게 한다.
3. 조직의 리더로 하여금 매주 주기적으로 조직의 행동 실행을 관리하게 한다. 약속된 기한을 지키지 못할 것으로 예상되는 행동에 대해서는 리더가 나서서 즉각적인 문제 해결을 도모하게 한다.

그리고 위와 같은 업무 관리 방식을 조직적이고 체계적으로 할 수 있게 돕는 툴이 바로 실리콘밸리 기술 기업들이 사용하는 표준화된 애자일 업무 관리 템플릿이다. 이제부터 이 애자일 업무 관리 템플릿의 사용법을 하나씩 살펴보기로 하자.

## 애자일 업무 관리 템플릿 사용법 1:
## 거꾸로 세우는 업무 계획

애자일 업무 관리 템플릿의 표준 양식은 다음과 같이 작업 일정과 마감일, 업무 오너와 진행 상태, 해결안 등으로 구성되어 있다.

| | 작업 일정 | 마감일 | 오너 | 진행 상태 | 업무 막힘 | 해결안 |
|---|---|---|---|---|---|---|
| ① | | | | | | |
| ② | … | | | | | |
| … | … | | | | | |
| | 최종 목표 달성 | | | | | |

 가장 먼저 업무 계획을 세울 때에는 업무 목표를 'SMART' 형식으로 기재하고, 목표 달성을 위해 수행해야 할 주요 작업 계획을 업무 목표 달성 시점부터 시작하여 거꾸로 세운다. SMART란 Specific(구체적), Measurable(측정 가능한), Achievable(달성 가능한), Realistic(현실적), Time-bound(기한이 있는) 업무 목표를 뜻한다.

 이렇게 최종적으로 달성해야 할 업무 목표에서부터 시작하여 거꾸로 계획을 세워야 하는 데는 세 가지 이유가 있다. 첫째, 조직이 목표 달성에 집중할 수 있기 때문이며 둘째, 구성원들이 목표 달성에 필요한 세부 작업을 단계적으로 생각하여 목표 달성에 필요한 시간과 리소스를 과소평가하지 않고 보다 현실적으로 추정할 수 있기 때문이다. 마지막 셋째는 거꾸로 업무 계획을 세워야 계획 실행 시 때 발생할 수 있는 잠재적인 리스크를 파악하고 미연에 방지할 수 있기 때문이다.

11월 30일에 신규 서비스 출시를 목표로 하는 S기업의 예시를 통해 거꾸로 세우는 업무 계획에 대해 구체적으로 알아보자.

S기업 개발팀에서 애자일 업무 관리 템플릿을 사용하여 거꾸로 업무를 계획을 세운다고 하면 다음과 같이 일의 순서를 생각해볼 수 있다.

1. 11월 30일에 신규 서비스를 출시하려면 늦어도 11월 28일까지는 모든 사용자 테스트를 완료해야 한다.
2. 11월 28일까지 사용자 테스트를 완료하기 위해서는 사용자 테스트 기간이 통상적으로 10일 정도 소요되므로, 늦어도 11월 18일에는 사용자 테스트를 시작해야 한다.
3. 11월 18일에 사용자 테스트를 시작하기 위해서는 늦어도 11월 17일까지는 모든 시스템 개발이 끝나고 사용자 테스트를 할 준비가 되어 있어야 한다.
4. 11월 17일까지 모든 시스템 개발이 끝나고 사용자 테스트를 하려면 A와 B는 11월 X일까지는 끝나야 한다.

| | | 작업 일정 | 마감일 | 오너 | 진행 상태 | 업무 막힘 | 해결안 |
|---|---|---|---|---|---|---|---|
| ↑ 거꾸로 계획 | ① | | | | | | |
| | | ... | | | | | |
| | | ... | | | | | |
| | ⑦ | 개발 완료 | 11/17 | | | | |
| | ⑧ | 사용자 테스트 시작 | 11/18 | | | | |
| | ⑨ | 사용자 테스트 완료 | 11/28 | | | | |
| | ⑩ | 신규 서비스 출시 | 11/30 | | | | |

이렇듯 최종 목표 달성 시점부터 필요한 일련의 작업을 거꾸로 생각해보고 데드라인을 정하다 보면, 각 작업 간의 일정을 매우 유기적으로 생각하고 조율할 수 있다. 조직 구성원들이 목표 달성에 필요한 일련의 계획을 보다 더 꼼꼼하고 치밀하게 그리고 탄력적으로 세울 수 있게 해주는 매우 효율적인 도구인 것이다.

기업에서 이와 같은 체계적인 업무 계획 수립 방식을 교육하지 않고 그냥 직원들 각자가 잘 알아서 하기를 바라면 어떻게 될까? 직원들의 개인 역량에 따라 업무 계획의 정확도나 치밀함 등에서 차이가 날 수밖에 없다. 그리고 직원 간의 이러한 편차는 곧 마감일 지연으로 이어질 수밖에 없다. 오늘날의 기업 환경에서는 기업의 업무 목표 달성이 어느 한 개인의 역량에 좌우되지 않고 조직 구성원들이 서로 함께 일할 때, 즉 협업을 통해서만 가능하기 때문이다.

따라서 서로 합심해 목표를 달성해야 하는 기업에서 업무를 계획하는 체계적인 방법과 업무 순서를 정하는 일을 교육하고 훈련하는 것은 조직 실행력 강화에 있어 매우 중요한 부분이라고 할 수 있다.

## 애자일 업무 관리 템플릿 사용법 2: 오너십 기반의 협업

앞서 설명한 것처럼 거꾸로 업무를 계획하다 보면, 동료들과 협업해야 할 여러 일들이 나오기 마련이다. 이때는 동료들이 해야 할 일도 같이 포함해서 업무 계획을 작성하고 해당 업무 담당자와 업무 계획을 공유하고 협의하여 최종 업무 일정을 완성한다.

외부 업체와의 협업이 필요한 경우도 마찬가지다. 외부 업체가 처리해야 할 업무를 애자일 업무 관리 템플릿에 명확하게 기재하고, 외부 업체에게는 그들이 이행해야 할 업무와 데드라인을 명확하게 전달한다.

앞서 S기업의 예를 통해 애자일 업무 관리 템플릿을 사용하여 기업에서 원활한 협업 체계를 구축하는 방법을 알아보자.

S기업 개발팀에서 11월 30일에 신규 서비스를 출시하려면 늦어도 11월 28일까지는 모든 사용자 테스트를 완료해야 한다. 그리고

약 10일간의 테스트 기간을 감안하면 늦어도 11월 18일에는 사용자 테스트를 시작해야 한다. 11월 18일에 사용자 테스트를 시작하려면 테스트를 진행할 최소 20명의 사용자를 11월 17일까지는 모집 완료해야 한다. 그런데 사용자 테스트에 필요한 테스터 모집 업무는 개발팀이 아닌 마케팅팀에서 하는 업무다. 다시 말해 테스터를 모집하려면 개발팀과 마케팅팀이 서로 협업을 해야 한다.

　이와 같은 상황에서 거꾸로 업무 계획을 한다고 해보자. 먼저 신규 서비스 출시를 리드하는 개발팀 업무 담당자는 사용자 테스터 모집을 담당하는 마케팅팀 담당자를 해당 업무 오너로 지정하고 신규 서비스 출시 계획을 공유한다. 그리고 최종 업무 목표에 대한 포괄적인 논의를 통해 마케팅팀 담당자가 수행해야 하는 테스터 모집 일정을 조율한다. 그런 뒤 애자일 업무 관리 템플릿에 해당 업무와 마감일을 명확하게 기재한다. 즉, 개발팀 업무 담당자가 마케팅팀 담당자에게 하는 협업 요청은 '이 업무 하나만 처리해주세요'라고 부탁하는 게 아닌 '공동의 목표'를 달성하는 데 필요한 업무를 명시하는 것이다. 그렇게 해야 모든 업무 담당자가 자신이 맡은 일에 대해 전적으로 책임감을 갖고 일할 수 있다.

　이러한 오너십 기반의 협업 체계는 매주 업무 진행 상황을 보고할 때 담당자로 지정되어 있는 사람들이 부서를 막론하고 참석하여 자신의 업무 상태에 관해 논의함으로써 더욱 강화된다. 이렇게 주간

| 작업 일정 | 마감일 | 오너 | 진행 상태 | 업무 막힘 | 해결안 |
|---|---|---|---|---|---|
| ① | | | | | |
| ... | | | | | |
| ... | | | | | |
| ⑦ 개발 완료 | 11/17 | 개발팀 이다혜 | | | |
| ⑧ 테스터 모집 완료 | 11/17 | 마케팅팀 빛나리 | ← 협업 업무 | | |
| ⑨ 사용자 테스트 시작 | 11/28 | 개발팀 이다혜 | | | |
| ⑩ 사용자 테스트 완료 | 11/28 | 개발팀 이다혜 | | | |
| ⑪ 신규 서비스 출시 | 11/30 | 개발팀 이다혜 | | | |

회의를 운영하면 사내 협업이 동료에게 부탁하거나 사정하는 형태가 아닌, 각 업무 오너들이 서로 협업하여 하나의 목표를 달성하는 방식으로 진행된다. 직원 각자가 책임지고 수행해야 할 업무가 매주 투명하게 관리되기에 협업이 원활하게 이뤄지기 때문이다.

또한 이런 식으로 목표 달성을 위한 세부 업무 사항과 해당 업무 오너가 투명하게 명시되면 최종 목표 달성의 공로가 어느 한 개인이 아닌 업무를 담당한 모든 사람에게 공정하게 돌아간다는 장점도 있다.

이렇게 협업이 필요한 업무를 포함하여 거꾸로 업무 계획을 세운 뒤에는 계획에 나와 있는 일의 수행에 관련된 부분을 주기적으로 모니터링하고 관리하는 내부 프로세스가 필수적으로 동반되어야 한다. 하지만 여기서 유의할 점이 하나 있다. 이와 같은 모니터링 프로세스가 마치 감시용처럼 쓰여서는 안 된다는 것이다. 모니터링은 단순히 담당자가 그 일을 마감일까지 했는지 안 했는지를 확인하기 위한 도구가 아니다. 그보다는 조직이 목표 달성을 위해 해야 할 일들을 하는 데 잠재적인 걸림돌이 될 수 있는 이슈들을 사전에 파악하고 이를 방지하는 예방적 성격의 도구라고 할 수 있다. 이 모니터링 프로세스를 활용하는 방법에 대해서는 이어질 내용에서 더 자세히 살펴보도록 하자.

# 문제를 미리 예측하고 방지하는 주간 회의 운영 방식

## 능동적 형태의 주간 회의가 되려면

실리콘밸리의 기술 기업들은 매주 열리는 주간 회의를 업무 진행을 방해하는 잠재적 문제들을 빠르게 해결하거나 이를 미연에 방지하는 예방적인 용도로 활용한다. 한마디로 단순히 그 주에 있었던 일을 보고하고 끝나는 수동적 형태가 아닌, 매주 업무 진행 상황을 점검하고 업무 진행을 방해하는 문제점들을 투명하게 공유하여 문제를 해결하고자 하는 능동적 형태를 띤다.

그렇다면 이런 방식으로 주간 회의를 운영하려면 조직의 보고 방식은 어떻게 바꾸어야 할까? 가장 좋은 방법은 앞서 설명한 애자일 업무 관리 템플릿을 매주 업데이트하여 업무 진행에 문제가 되는 주요 이슈들을 수면 위로 드러내 공론화하는 회의 포맷을 만드는 것이다.

## 업무 진행 상황을 한눈에 파악하는 신호등 제도

애자일 업무 관리 템플릿에 명시되어 있는 각 업무 오너들은 매주 자신의 업무 진행 상황을 다음과 같은 신호등 제도를 활용하여 업데이트한다.

- '그린'은 업무 오너가 명시된 마감일까지 업무를 완료할 수 있음을 나타낸다.
- '옐로'는 업무 오너가 마감일을 지키기 어렵다고 판단할 때 사용한다.
- '레드'는 업무 오너가 마감일까지 업무 완료가 아예 불가능하다고 판단할 때 사용한다.

위의 신호등 제도를 사용하여 업무 진행 상황을 단순화하여 보고하면 주간 회의 시 문제 해결이 시급한 업무의 우선순위를 한눈에 파악할 수 있게 된다. 현재 조직의 목표 달성에 가장 큰 장애물이 무엇인지 파악해 한정된 시간과 자원을 가장 효율적으로 사용할 수 있도록 해주는 도구가 바로 이 신호등 제도다.

| | 작업 일정 | 마감일 | 오너 | 진행 상태 | 업무 막힘 | 해결안 |
|---|---|---|---|---|---|---|
| ① | | | | | | |
| | ... | | | | | |
| | ... | | | | | |
| ⑦ | 개발 완료 | 11/17 | 개발팀 이다혜 | GREEN | | |
| ⑧ | 테스터 모집 완료 | 11/17 | 마케팅팀 빛나리 | YELLOW | ← 신호등 표시 | |
| ⑨ | 사용자 테스트 시작 | 11/28 | 개발팀 이다혜 | GREEN | | |
| ⑩ | 사용자 테스트 완료 | 11/28 | 개발팀 이다혜 | GREEN | | |
| ⑪ | 신규 서비스 출시 | 11/30 | 개발팀 이다혜 | GREEN | | |

## 업무 문제를 빠르게 캐치하는 '업무 막힘'

업무를 진행하다 보면, 생각지도 못한 이유로 업무 진행이 막히는 경우가 종종 있다. 아무리 꼼꼼하게 거꾸로 업무 계획을 세웠다 하더라도, 미처 예상하지 못한 작업을 해야 할 때도 있고, 누군가 약속했던 기간 안에 업무를 끝내지 않아 내 업무가 막히는 경우도 발생한다.

이렇듯 다양한 문제가 생길 수 있는 상황이라면 업무 담당자는 이러한 내용을 '업무 막힘'란에 간단히 요약하고, '해결안'란에는 '누가' '무엇을' '언제까지' 하면 그 문제가 해소되는지를 기재하고 주간 회의에 공유한다.

주간 회의를 이끄는 조직의 리더는 이러한 업무 막힘에 대한 내용을 업무 담당자들과 논의하고, 각 팀의 업무 담당자들이 서로 일정을 협의하고 조율하도록 이끌어준다. 이러한 논의를 통해서 업무 막힘 문제를 빠르게 해소하고 조직이 최종 업무 목표를 계획대로 달성할 수 있게 하는 것이 이 주간 회의를 이끄는 리더의 핵심 역할이다. 조직의 리더가 매주 이렇게 주간 회의를 운영하면, 조직의 목표 달성에 걸림돌이 되는 여러 문제들을 신속하게 해결할 수 있을 뿐만 아니라 조직의 실행력이 강화되고 업무 처리 속도가 빨라지게 된다.

다음의 예시를 통해 업무 막힘 현상을 해소하는 주간 회의 운영 방식에 대해 자세히 알아보도록 하자.

마케팅팀의 빛나리 대리는 사용자 테스트에 필요한 테스트 인원을 11월 17일까지 모집하려고 했으나 재무팀으로부터 모집에 사용할 예산이 없다는 말을 들었다. 예산 문제로 테스터 모집을 마감일까지 수행하기 어렵다고 판단한 빛나리 대리는 자신의 업무 진행 상황을 옐로로 업데이트하고, 해당 내용을 업무 막힘란에 기재했다.

그리고 해결안란에는 재무팀 이승원 과장이 늦어도 11월 1일까지는 추가 예산 승인을 받아야 테스터 모집 업무를 예정대로 처리할 수 있다고 명확하게 기재했다.

| | 작업 일정 | 마감일 | 오너 | 진행 상태 | 업무 막힘 | 해결안 |
|---|---|---|---|---|---|---|
| ① | | | | | | |
| | ... | | | | | |
| | ... | | | | | |
| ⑦ | 개발 완료 | 11/17 | 개발팀 이다혜 | GREEN | | |
| ⑧ | 테스터 모집 완료 | 11/17 | 마케팅팀 빛나리 | YELLOW | 테스터 모집에 필요한 예산 부족 | 추가 예산 확보 @이승원 by 11/1 |
| ⑨ | 사용자 테스트 시작 | 11/28 | 개발팀 이다혜 | GREEN | | |
| ⑩ | 사용자 테스트 완료 | 11/28 | 개발팀 이다혜 | GREEN | | |
| ⑪ | 신규 서비스 출시 | 11/30 | 개발팀 이다혜 | GREEN | | |

← 업무 막힘 표시

기업에서 이렇게 매주 업무 진행 상황을 업데이트하면 회의를 주관하는 조직의 리더는 일의 수행에 지장을 주는 여러 문제점들을 빠르게 파악하고, 이러한 문제가 실제로 발생하기 전에 사전 예방 조치를 취할 수 있다. 만약 기업 내부에 이러한 예방 조치를 취할 구간이 없다면 어떨까? 리더는 여러 문제들이 일어난 후에 사후적 조치를 취할 수밖에 없다.

기업을 이렇게 운영하면, 조직의 실행 속도는 더뎌지기 마련이고 조직의 리더는 문제가 이미 발생한 후에 수습하기 바쁘다. '왜 우리 기업에서는 목표한 마감날이 매번 지켜지지 않을까' 같은 고민을 하고 있는 리더라면 우리 조직에 이런 사전적 조치를 취할 주간 회의 포맷과 포럼이 마련되어 있는지를 한 번쯤 생각해볼 필요가 있다.

다시 위 사례로 돌아가서, 이 팀의 리더는 해당 주간 회의에서 재무팀 이승원 과장이 예산 승인 업무를 11월 1일까지 진행시킬 수 있는지 확인하고, 추가 예산 승인 과정에 문제가 있다면 그 문제를 해결할 수 있는 방법을 논의하여 해결안을 도출해야 한다.

이렇게 조직의 업무 계획과 업무 막힘을 초래할 수 있는 이슈 사항들을 사전에 공유하지 않고 마케팅팀과 재무팀의 자율적인 업무 협의에만 맡기게 된다면 어떨까? 재무팀 이승원 과장은 본인의 업무가 최종 서비스 출시에 막대한 지장을 줄 수 있다는 사실을 알지 못한 채 업무를 하게 된다. 예산 승인 업무가 재무팀 이승원 과장의 업무 우선순위에서 밀리거나 그가 정확한 마감 기간을 모르고 일을 진행하면, 마케팅팀 빛나리 대리의 테스터 모집 업무는 당연히 뒤로 밀리게 된다. 그러면 그 뒤에 순차적으로 예정되어 있던 모든 작업 또한 지연되고 결국 최종 서비스 출시 날짜 역시 연기될 수밖에 없다.

위의 사례와 같이 여러 업무 담당자들의 업무가 서로 얽힌 상황에서 각 업무가 서로에게 주는 영향이 사전에 공유되지 않으면, 문제를 해결할 수 있는 절호의 타이밍을 놓치기가 매우 쉽다. 앞서 강조했듯이 업무 진행에 지장을 주는 문제가 이미 생긴 후에 수습하려고 하면 때는 너무 늦다.

실행이 빠른 실리콘밸리의 기업들은 이러한 문제 요소들을 사전에 파악하고 미연에 방지하도록 고안된 애자일 업무 관리 프로세스를 통해 조직의 속도를 높인다. 이렇게 내부 프로세스 운용이 뒷받침되어야만 기업 운용이 민첩성을 갖출 수 있는 것이다.

## 리더가 나서서 문제를 해결하는 에스컬레이션

실제 기업에서 실무자들끼리 업무를 하다 보면 업무 막힘을 초래하는 문제가 도저히 해결될 기미가 없는 경우도 많다. 실무자가 해당 문제를 해결할 권한이 없거나 최종 결정권자가 아닐 때, 혹은 외부 업체와 협업을 하는 과정에서 외부 담당자가 늦장 대응을 할 때가 바로 그런 경우다.

이러한 상황에서 가장 빠르게 문제를 해결할 수 있는 방법은 기업의 리더가 상대 업무 담당자의 윗선에게 에스컬레이션escalation, 즉 직접 문제 제기를 하는 것이다. 리더의 결정이 필요한 추가 예산 승인이나 추가 인력 투입 요청 외에도 외부 업체의 윗선과 연락해 신속한 문제 해결을 촉구하는 일 등이 여기에 포함된다.

사실 나는 아마존에 입사할 때만 해도 이렇게 리더에게 먼저 업무 요청을 하는 미국식 업무 문화가 너무 생소하게 느껴졌다. 내 동료를 윗사람에게 고자질하는 것 같기도 하고, 내 선에서 문제가 해결이 불가능하다는 말을 쉽사리 하지 못하는 나의 성격도 한몫을 했다. 하지만 이렇게 먼저 업무 요청을 하는 문화에 적응하다 보니, 어느 순간부터는 이것을 나쁘게만 볼 게 아니라는 생각이 들었다.

에스컬레이션을 하는 목적은 누군가를 처벌하거나 곤경에 빠뜨리기 위함이 아니다. 우리 팀 전체의 업무 목표 달성을 곤경에 빠뜨릴 수 있는 문제를 조기에 해결하기 위한 것이다. 그러므로 에스컬레이션을 할 때는 업무 당사자에게 미리 언질을 주고, 리더에게 문제를 알기 쉽게 설명한 후 어떻게 이 문제를 해결해달라는 구체적인 제안을 같이 해야 한다.

업무 권한이 없는 담당자와 장시간 소통하면서 의미 없이 시간을 낭비하는 것보다 권한이 있는 윗선에게 에스컬레이션하면 문제를 훨씬 더 빠르고 효율적으로 해결할 수가 있다. 빠르게 변화하는 기업 환경에 맞춰 민첩하고 효율적으로 움직이는 조직을 원한다면 이러한 업무 에스컬레이션 문화의 도입을 필수적으로 고려해봐야 할 것이다.

## 애자일 프로세스 도입하기:
## 테라펀딩의 사례

앞서 2장에서 P2P 대출 서비스를 제공하는 테라펀딩의 사례를 들어 혁신적 제품 기획의 프로세스를 살펴본 바 있다. 테라펀딩에서는 제품 기획뿐만 아니라 전체적인 기업 운영에서도 애자일 업무 관리 프로세스를 도입했고, 매우 긍정적인 결과를 얻었다. 특히 개발팀의 경우 애자일 프로세스 도입 후 업무 처리 속도가 30퍼센트 이상 빨라졌다.

사실 이 회사에서 애자일 프로세스를 도입한다고 했을 때 처음엔 대부분의 직원이 이 방식에 대해 거부감을 보였다. 마이크로매니징이다, 우리 팀에서 알아서 하겠다, 굳이 기업의 경영진급 리더가 이 주간 회의에 참석해야 하냐 등 부정적인 의견이 압도적으로 많았다.

그러나 이 프로세스를 세 달 동안 매주 꾸준히 시범 운영을 하고 나자 개발팀 팀원들의 피드백이 180도 바뀌었다. 팀원들은 누가 무슨 업무를 하는지 투명하게 알 수 있어서 좋았다, 업무의 우선순위를 어떻게 판단해야 하는지를 명확하게 알 수 있어서 좋았다, 목표 달성에 방해가 되는 여러 문제점과 업무 지연 요인을 빠르게 해결할 수 있었다 등 대다수가 긍정적인 반응을 보였다. 이렇게 조직 구성원 모두가 일의 실행 속도가 빨라지고 효율성이 높아지는 걸 경험하면서 테라펀딩은 이 프로세스를 지속하기로 결정했다.

　애자일 업무 관리 프로세스를 사용해본 직원들이 생각하는 이 업무 방식의 가장 큰 장점은 단연 스피드다. 조직의 실행 속도가 빨라지면서 업무 목표를 달성하는 시간이 단축된다. 실제 테라펀딩은 해당 프로세스를 도입하기 전, 거의 한 달 동안 외부 업체가 일을 미루는 바람에 특정 프로젝트와 관련된 모든 개발 업무가 마비된 상황이었다. 하지만 이 프로세스를 도입한 후 해당 업무와 관련된 문제들이 조직 내부적으로 투명하게 공론화되었고, 조직의 리더가 곧바로 외부 업체에게 문제를 에스컬레이션하면서 한 달 동안 지속됐던 업무 막힘 문제를 단 이틀만에 해결할 수 있었다. 만약 처음부터 이 프로세스를 도입했더라면 시스템 구축 시간이 46일에서 14일로 단축되었을 것이다.

　그 밖에도 직원들이 공통적으로 이야기하는 애자일 업무 관리 프로세스의 효과는 다음과 같았다. 첫째, 투명한 업무 환경에 따른 협업을 증진이다. 팀원들이 서로의 업무 진행 상황을 쉽게 파악하고, 업무 처리에 필요한 정보를 빠르게 공유할 수 있기 때문이다.

　둘째는 명확한 우선순위 설정에 따른 효율성 향상이다. 앞서 예로 든 개발팀의 경우, 이 프로세스를 통해 각자가 책임지는 업무의 범위와 우선순위를 명확하게 정의하고 설정함으로써 자신의 업무에 집중하고 시간을 효율적으로 관리할 수 있었다.

셋째는 팀원들의 만족도 향상이다. 투명한 업무 환경과 명확한 우선순위 설정으로 팀원들은 자신의 업무가 프로젝트 전체에 어떤 영향을 미치는지 한눈에 이해할 수 있었다. 그리고 바로 이러한 점이 팀의 목표 달성에 기여하고 있다는 만족감과 책임감으로 이어지는 것이다.

기업에서 업무 막힘 현상이 지속되면 조직의 업무 속도는 느려질 수밖에 없다. 이 챕터에서 소개한 실리콘밸리 기술 기업들이 사용하는 애자일 업무 관리 프로세스는 매주 조직의 실행 진척도를 확인하고, 업무 막힘을 초래할 수 있는 문제들을 미연에 방지하여 조직의 속도를 높이고 실행력을 강화하는 프로세스 기반의 효율적 기업 운영 방식의 대표적인 사례다. 협업과 의사소통이 중요한 팀, 개발의 속도를 높이고 싶은 팀, 업무 효율성을 높이고 싶은 팀이라면 이 프로세스 도입을 적극적으로 고려해봐야 할 것이다.

# 애자일 프로세스 도입 시 유의 사항

## 전사 도입 전 시범 운영이 필요한 이유

반복하여 이야기하지만 애자일 업무 관리 프로세스는 기술 조직에서만 활용할 수 있는 프로세스가 아니다. 이 프로세스는 기업 내 인사, 재무, 경영기획팀 등 어느 부서에서든 조직의 실행 속도를 높여주는 매우 확장성 높은 업무 관리 프로세스다.

다만 이 프로세스를 한 번에 전사적으로 도입하기보다는 그전에 먼저 특정 팀이나 부서를 선택해 최소 3개월간 시범 운영을 해보기를 추천한다. 이렇게 시범 운영을 해보면, 우리 회사에 맞게 어떤 부분을 변경해야 하는지 다양한 노하우가 생겨 보다 효율적인 프로세스 운용이 가능하다.

여러 부서들 중 단기간에 빠른 실행력 차이를 보일 수 있는 대표적인 부서를 선택해야 한다면 프로덕트 개발 조직을 추천한다. 프로덕트 개발 조직에서 시범적으로 운영한 후, 인사, 재무, 경영 기획 등 타 부서에 순차적으로 도입해도 좋고, 각 부서의 업무 내용을 종합적으로 취합해 리뷰하는 전사적인 프로세스를 운영해도 좋다. 여기서 중요한 점은 회사의 경영진과 조직의 리더가 이 애자일 템플릿을 사용하는 방법과 애자일 주간 회의를 운영하는 방식을 정확하게 이해하는 과정이 필요하다는 것이다. 그래야만 조직 내부에서 이 프로세스를 유연하게 운영할 수 있다.

## 애자일 업무 관리 프로세스 도입에 필요한 실무 노하우

### 실무 책임자 지정

앞서 설명한 것처럼 기업에서 시범 운영 부서를 지정한 후에는 이 프로세스를 실무에서 리드할 책임자를 지정해야 한다. 통상, 실무 책임자는 해당 부서의 프로덕트 리더급으로 정한다.

실무 책임자의 역할로는 다음의 세 가지가 있다. 먼저 애자일 업무 관리 템플릿을 사용하여 조직 구성원들과 거꾸로 업무 계획을 세우는 작업을 리드하는 것이다. 그런 다음 매주 각 업무 오너가 자신의 업무 진행 상황을 템플릿에 업데이트하는 과정을 총괄한다. 마지막으로 주간 회의 시 논의한 의사결정 사항과 실행에 관련된 사항을 책임지고 확인한다.

### 협업 문서 도구

애자일 업무 관리 템플릿을 사용하기 위해서는 사내의 모든 업무 오너가 공동으로 함께 작업할 수 있는 협업 문서 도구가 필요하다.

이러한 기능을 제공하는 업무 도구로는 노션이나 컨플루언스 등 조직 구성원들이 함께 업무 문서를 만들고 공동으로 수정할 수 있는 기능이 들어간 것이면 무엇이든 좋다. 만약 회사 내 규정으로 인해 이런 클라우드 서비스 활용이 어렵다면 서버 구축형on-premise으로 활용할 수 있는 마이크로소프트 쉐어포인트Microsoft Sharepoint 같은 솔루션을 고려해볼 수 있다. 구글 닥스는 시각적인 부분에서 다소 미흡한 점이 있어 추천하지 않는다.

### 업무 상태 업데이트 회의 주기

이 프로세스를 처음 도입하는 기업이라면 매주 같은 날, 같은 시간에 업무 진행 상황을 리뷰하는 주간 회의를 적어도 3개월간 지속적으로 진행할 것을 추천한다. 처음 한 달 동안은 회의 시간을 약 40~50분 정도로 정해 조직 구성원들이 이러한 회의 방식에 익숙해질 수 있도록 한다. 시간이 지나 이러한 주간 회의가 어느 정도 자리를 잡아 빠르게 상황을 파악하고 문제 해결 방안을 도출할 수 있는 이르면 30~40분 안에 회의를 마칠 수 있다.

**조직 리더의 역할**

이 주간 회의에서 경영진이나 조직 리더급의 지속적인 참여는 선택이 아닌 필수다. 이 회의를 주관하는 조직 리더가 업무 막힘을 초래하는 다양한 문제들을 가장 빠르고 효율적으로 해결할 수 있는 핵심 인물이기 때문이다.

여기서 리더가 할 일은 업무 막힘을 초래하는 문제의 원인을 정확하게 이해하고, 실무진이 제안하는 해결 방법을 빠르게 실행할 수 있도록 적극적으로 지원하는 것이다. 서로 다른 조직이나 부서에서 일하는 실무진 간의 업무를 중재해주고, 리더가 나서서 액션을 취해야 할 부분을 정확하게 파악하여 업무 진행을 방해하는 문제들을 빠르게 해결할 수 있도록 돕는다.

이 회의를 주관하는 리더는 업무 마감일이 지연되는 것을 해결이 매우 시급한 위급 상황으로 간주하고, 이에 상응하는 태도로 대처해야 한다. 조직의 리더가 업무 마감일 준수에 대해 민감하게 대응할 수록 조직의 모든 구성원들이 약속한 업무 마감일을 칼처럼 지키는 업무 문화를 만들 수 있기 때문이다.

## 애자일 업무 관리 템플릿을 활용한
## 주간 회의 순서

주간 회의를 하기 전 실무 책임자는 한 주의 업무 진행 상황이 업데이트된 애자일 업무 관리 문서를 모든 주간 회의 참석자에게 전달한다. 조직의 리더를 포함한 모든 회의 참석자는 업무 진행 상황이 업데이트된 문서를 각자 읽어보는 시간을 가진다. 애자일 업무 관리 템플릿을 따라 작성된 이 문서는 주간 회의에서 논의해야 할 업무상 내용을 모두 포함하고 있으므로 실무 책임자가 따로 업무 진행 상황에 대해 구두로 설명하거나 프레젠테이션을 할 필요가 없다.

    회의 참석자가 보고 문서를 다 읽고 나면, 리더는 회의에 참석한 직원들에게 업무 진행 상황과 관련해 추가로 언급해야 할 부분이나 궁금한 점을 질문하도록 한다. 처음 이 프로세스를 도입할 때에는 조직원들이 아직 이러한 회의 형식에 익숙하지 않아서 대개는 아무것도 묻지 않는 편이다. 하지만 너무 조바심낼 필요 없다. 이 프로세스를 지속적으로 운영하다 보면 조직 구성원들도 점차 이러한 회의 방식에 익숙해져서 각자가 궁금한 점이나 문서 내용 중 바로잡아야 할 점 등에 대해 목소리를 내기 시작할 것이다. 그러니 일단은 끈기를 가지고 지속하는 것이 좋다.

이렇듯 조직의 리더가 회의 참석자에게 포괄적인 질문을 한 다음에는 업무 막힘을 초래하는 이슈들을 파악하고, 해결이 시급한 순서대로 이를 해결한다. 업무 막힘 문제가 조직 내부의 이슈라면 리더는 이러한 문제를 해결하기 위해 조직 내부의 누가 무엇을 언제까지 완료해야 하는지 주간 회의에서 명확하게 짚어내야 한다. 또한 업무 막힘을 초래한 업무 오너에게 해당 업무를 요청된 마감일까지 이행할 수 있는지 확인하고, 이 내용을 기록하여 실행 여부를 계속해서 확인한다. 만약 해당 직원이 요청된 마감일까지 문제를 해결하지 못한다고 하면, 언제까지 마감일을 산정해서 오겠다는 'DFD$_{\text{date for date}}$', 즉 마감일을 산정해올 날짜를 약속받은 후 실행을 확인하도록 한다.

이처럼 조직의 리더는 각 업무 오너가 일의 우선순위를 명확하게 이해할 수 있도록 하고, 각자의 업무 진척도가 동료의 일 처리와 조직의 최종 목표 달성에 끼치는 영향을 투명하게 관리하는 핵심 역할을 한다.

만약 업무 막힘 문제가 내부가 아닌 외부 협력 기관이나 업체가 초래한 것이라면 어떻게 해야 할까? 그럴 때라면 업무 오너에게 외부 기관에게 보낼 에스컬레이션 이메일 초안을 작성하게 한 뒤, 이후 리더가 직접 외부 기관에게 해당 이메일을 보내 신속한 업무 처리를 촉구해야 한다. 그리고 외부 기관에 보내는 에스컬레이션 이메일에는 외부 기관이 완료해야 할 업무와 마감일을 정확하게 명시하도록 한다.

업무 막힘 이슈를 검토한 후에는 업무 진행 상태가 '레드'나 '옐로'인 업무 상황에 대해 순차적으로 논의한다. 리더는 위에서 설명한 방식으로 문제 해결에 초점을 맞춘 업무 회의를 진행하고, 각 업무 진행 상태를 '그린'으로 되돌리기 위해 누가 무엇을 언제까지 해야 하는지를 명확하게 정리하여 실행 여부를 확인한다.

이렇게 주간 회의를 진행한 후에는 회의를 총괄하는 실무 책임자가 회의에서 논의한 실행 관련 사안들을 정리하고, 이를 참석자 모두에게 공유한다. 이 실행 관련 사안들에는 확인해야 하는 업무, 업무 오너, 약속한 마감일이 명시되어 있어야 한다. 그런 다음 해당 업무의 진행 상황을 계속해서 확인하고, 다음 주 회의 때 이에 대해 보고한다. 그리고 이와 같은 주간 회의를 매주 지속적으로 운영해나가도록 한다.

## 애자일 업무 관리 프로세스 도입 시 유의점

### 거꾸로 업무 계획 시의 유의점

거꾸로 업무를 계획할 때는 1~2주 안에 진행 상황을 확인할 수 있는 세분화된 작업 혹은 마일스톤 단위로 계획하는 것이 좋다.

예를 들어 A기업의 전략팀에서 새로운 기업 투자 심사 기준을 만든다고 가정해보자. 이런 경우 다음과 같이 1~2주 안에 업무의 진척도를 확인할 수 있는 세분화된 작업과 키 마일스톤 단위로 업무를 거꾸로 계획해볼 수 있다.

| | 작업 일정 | 마감일 | 오너 | 진행 상태 | 업무 막힘 | 해결안 |
|---|---|---|---|---|---|---|
| ① | 타 경쟁 업체의 심사 기준 벤치마킹 완료 | 10/5 | 이상아 | GREEN | | |
| ② | 심사 기준 초안 작성 완료 | 10/20 | 박창준 | GREEN | | |
| ③ | 심사 기준 초안 내부 검토 후 피드백 취합 | 11/1 | 박창준 | GREEN | | |
| ④ | 심사 기준 최종본 완성 | 11/10 | 박창준 | GREEN | | |
| ⑤ | 심의 위원회 승인 완료 | 11/15 | 박창준 | GREEN | | |
| ⑥ | 새로운 심사 기준 사내 배포 및 직원 교육 완료 | 11/16 | 이상아 | GREEN | | |
| ⑦ | [목표] 새로운 심사 기준 적용 | 11/18 | ALL | GREEN | | |

하지만 만약 이렇게 하지 않고, 다음과 같이 큰 일정 단위로만 업무를 계획하게 되면 업무 진행 도중 어느 구간에 문제가 생겼는지,

의존 관계에 있는 일련의 업무는 무엇인지에 대해 정확하게 알 수 없어 신속하게 문제를 해결하기가 어렵다.

| | 작업 일정 | 마감일 | 오너 | 진행 상태 | 업무 막힘 | 해결안 |
|---|---|---|---|---|---|---|
| ① | 심사 기준 최종본 완성 | 11/10 | 박창준 | GREEN | | |
| ② | [목표] 새로운 심사 기준 적용 | 11/18 | ALL | GREEN | | |

실제 이 애자일 업무 관리 프로세스를 처음 도입한 국내 기업 중에서도 한 직원이 아래와 같이 큰 일정 단위로만 업무 계획을 세워 곤욕을 치른 적이 있었다. 아래 예시로 든 작업 일정은 이 기업에서 새로운 결제망을 구축하던 한 개발자가 수립한 거꾸로 업무 계획이다. 한눈에 봐도 작업이나 중요 마일스톤의 세분화가 전혀 되어 있지 않음을 알 수 있다.

| | 작업 일정 | 마감일 | 오너 | 진행 상태 | 업무 막힘 | 해결안 |
|---|---|---|---|---|---|---|
| ① | 주거래 은행 전산망 연결 완료 | 3/30 | 김영호 | GREEN | | |
| ② | [목표] 결제 시스템 구축 완료 | 4/5 | ALL | GREEN | | |

실제 이 기업에서는 4월 5일까지 새로운 결제망 구축을 목표로 2월 중순부터 애자일 업무 관리 템플릿을 사용하여 주간 회의를 진

행했다. 그리고 프로젝트에 참여했던 개발자는 3월 중순까지도 최종 업무 마감에 아무런 문제가 없다고 보고했다. 그렇게 3월 마지막 주 주간 회의가 열리는 날이 되었다. 그런데 갑자기 이 개발자가 주거래 은행이 전산망 연결에 필요한 업무 처리를 해주지 않아서 3월 30일 마감일을 더 이상 지킬 수 없다고 보고하는 것이 아닌가?

회사 측에서는 그동안 이 개발자가 주거래 은행과 얼마만큼의 작업을 진행했는지, 은행 쪽에서 정확히 어떤 문제가 있었는지를 파악할 수 없었기 때문에, 애자일 업무 관리 프로세스를 가지고 일했음에도 불구하고 이러한 상황을 미연에 방지할 수 없었다.

이처럼 업무 계획상으로 작업이 세분화되어 있지 않으면 애자일 업무 관리 프로세스를 도입한다고 해도 그 효과를 전혀 볼 수가 없다. 그러므로 거꾸로 업무 계획을 세울 때는 반드시 1~2주 단위로 진행 상황을 확인할 수 있는 세분화된 작업 혹은 중요 마일스톤 단위로 계획을 짜야 한다.

**신호등 제도 활용 시의 유의점**

기업에서 애자일 업무 관리 프로세스를 도입하여 진행하다 보면 업무 오너가 마감일을 지키지 못할 것을 알면서도 업무 진행 상태를 그린으로 기재하는 경우가 종종 있다. 이유야 다양하겠지만 조직 구성원들 입장에서는 이렇게 일하는 방식이 낯설거나 자신의 업무에 문제가 있다는 사실을 알리고 싶지 않아서 혹은 문제가 있다고 얘기해봤자 별 도움이 안 될 것 같아서 거짓 보고를 하고는 한다.

하지만 기업에서 애자일 업무 관리 프로세스를 도입하여 목표 달성에 지장을 주는 문제를 신속하게 해결할 수 있으려면, 모든 업무의 진행 상태가 매주 정확하게 보고되어야 한다. 그러므로 이 프로세스를 도입할 때는 각 업무 진행 상태를 나타내는 신호등 제도를 조직 구성원들이 올바르게 인지하고 숙지할 수 있도록 내부 교육을 먼저 진행해야 한다.

아울러 주간 회의 시 '옐로'나 '레드' 상태에 놓인 업무에 대해 해당 업무 오너를 질책하거나 고과에 불이익을 주는 등의 부정적인 조치를 취해선 안 된다. 그런 식으로 불이익을 주게 되면 프로세스를 활용해 문제를 해결하면서 일 처리를 하기보다는 당장의 상황을 모면하기 위한 거짓 보고를 할 가능성이 크기 때문이다. 이러한 거짓 보고는 마감 기한 내에 목표를 달성해야 하는 팀에게도, 해당 업무를 책임지는 직원에게도 좋지 않은 결과를 가져올 뿐이다.

**마감일 지정 시의 유의점**

애자일 업무 관리 프로세스를 성공적으로 운영하려면, 업무 계획에 명시된 모든 세부 업무의 마감일을 명확하게 명시해야 한다. 만약 당장 업무 마감일을 산정할 수 없는 경우에는 DFD, 즉 언제까지 마감일을 산정해서 오겠다라는 '가可' 날짜를 대신 사용한다. 예를 들어 'DFD 11/20/23'는 해당 업무에 대한 정확한 마감일을 11월 20일까지 산정해서 오겠다는 뜻이다.

### 업무 오너 지정 시의 유의점

이 프로세스를 운영하다 보면, 특히 기업문화가 상대적으로 수직적인 조직에서는 팀장이 실무를 하지 않는데도 해당 업무 오너로 명시되는 경우가 종종 있다. 또한 업무 오너십이 명확하지 않은 조직에서는 한 업무에 여러 명이 업무 오너로 명시되는 경우도 있다.

하지만 이렇게 실질적인 업무 오너가 아닌 조직원들이 '사내 보고용 업무 오너'로 지정되는 기업에서는 책임감 있는 업무 오너십 문화를 만들기 어렵다. 따라서 애자일 업무 관리 프로세스를 도입할 때에는 실제 업무를 책임지고 하는 실무자 한 명을 업무 오너로 지정하고 템플릿에 기재해야 한다.

# 기업의 ROI를 극대화하기 위한 프로세스 활용법

## 한정된 자원을 어떻게 효율적으로 배분할 것인가?

애자일 업무 관리 프로세스는 조직의 실행을 빠르게 할 뿐만 아니라 기업이 가진 한정된 개발 리소스의 ROI를 극대화할 수 있게 해준다. 이는 이 프로세스가 한정된 기업의 자원을 매우 효율적으로 분배 가능하도록 '데이터'를 제공하여 기업에서 추진하는 프로젝트 간의 우선순위를 유동적으로 관리할 수 있게 해주기 때문이다.

이러한 내부 시스템이 있는 기업은 각 팀이나 부서에서 추진 중인 개별 프로젝트들의 인풋과 아웃풋, 즉, 업무 목표 달성에 필요한 구체적인 업무 계획과 필요한 리소스 요건, 목표를 달성했을 때의 기대 성과 등을 잘 알기에 이러한 데이터에 따른 효율적인 자원 배분 결정을 내릴 수 있다. 그리고 그 결과 빠르게 변화하는 기업 환경에서 한정된 기업의 인적 및 물적 자원을 기업의 ROI를 극대화하는 방향으로 사용할 수 있게 된다.

그렇다면 애자일 업무 관리 프로세스를 사용하는 기업에서는 어떤 과정을 거쳐 한정된 자원에 대한 배분 결정을 내리는지, 그리고 기업의 ROI 측면에서 그것이 왜 중요한지 알아보도록 하자.

### 트레이드 오프 임팩트 분석의 예

어느 기업에서 다음과 같은 두 개의 프로젝트를 동시에 추진하고 있다고 가정해보자.

**프로젝트 A**
- 목표: 2/14일까지 ○○페이 출시
- 기대 성과: 출시 후 매월 예상 수익 4,000만 원

**프로젝트 B**
- 목표: 3/11일까지 기업 고객을 대상으로 하는 신규 서비스 출시

• 기대 성과: 출시 후 매월 예상 수익 1,000만 원

    이 기업의 페이먼트팀에서 추진하고 있는 프로젝트 A의 업무 목표는 2월 14일 ○○페이를 출시하는 것이다. 하지만 해당 팀에서 사용자 페이지 개발 업무를 맡은 이호연 과장이 예상보다 처리해야 할 일이 더 많아, 본래 약속한 마감일인 1월 21일까지 페이지 개발 완료가 어려울 것이라 판단했다고 해보자.

    이때, 이호연 과장은 본인의 업무 상태를 '레드'로 표시하고, 해결안에 1월 5일까지 개발자 한 명을 더 투입해야 본래 마감일인 1월 21일까지 일을 끝낼 수 있다고 기재한다. 그리고 만약 추가 개발자 한 명을 투입하지 못하면 업무 마감은 3주 후인 2월 11일로 지연되고, 결국 모든 일정이 순차적으로 지연되어 본래 일정보다 3주 뒤인 3월 7일에나 ○○페이 출시가 가능하다는 점을 명시한다.

    프로젝트 A의 기대 성과는 출시 후 매달 예상 수익이 4,000만 원이므로, 출시 시점이 3주 연기되면 회사가 부담해야 할 잠재적 손해 비용은 총 3,000만 원이 된다. 프로젝트가 이렇게 진행되면 회사는 A 프로젝트의 업무 계획을 3주 연기시킬지, 아니면 타 프로젝트에서 인력을 빼와 A 프로젝트를 본래 계획대로 추진할지에 대한 판단을 신속하게 내려야 한다.

    기업에서 이렇게 한정된 리소스 분배에 대한 명확한 판단을 할

| | 작업 일정 | 마감일 | 오너 | 진행 상태 | 업무 막힘 | 해결안 |
|---|---|---|---|---|---|---|
| ① | | | | | | |
| | ... | | | | | |
| ⑧ | 사용자 페이지 개발 완료 | 2/11 ~~1/21~~ | 이호연 | RED | 업무 스코핑 이슈 | 1/5까지 추가 개발자 한 명 필요 |
| ⑨ | 코드 테스트 완료 | 2/18 ~~1/28~~ | 이호연 | RED | | |
| ⑩ | 사용자 경험 테스트 완료 | 3/4 ~~2/11~~ | 김영주 | RED | | |
| ⑪ | [목표] ○○페이 출시 | 3/7 ~~2/14~~ ← 3주 연기됨 | | RED | | |

수 있게 하는 것이 바로 애자일 업무 관리 프로세스를 통한 트레이드 오프 임팩트trade-off impact 계산이다. 만약 회사가 프로젝트 B에서 개발자 한 명을 빼서 프로젝트 A에 투입한다고 가정할 때, 프로젝트 B의 재산정된 서비스 출시일은 다음과 같이 3월 11일에서 4월 22일로 6주 연기된 것을 알 수 있다. 프로젝트 B의 매월 예상 수익이 1,000만 원이므로, 서비스 출시일이 6주 지연될 때 회사가 부담하게 되는 잠재적 손해 비용은 1,500만 원이다. 따라서 회사는 프로젝트 B의 연기로 인한 손해 비용을 감안하더라도 개발자 한 명을 프로젝트 A에 투입하는 것이 훨씬 더 이득이다.

이처럼 애자일 업무 관리 프로세스를 통한 트레이드 오프 임팩트 분석은 기업의 운영 효율성과 ROI를 극대화할 수 있는 가장 합리적인 자원 배분 방식이라고 할 수 있다. 또한 기업에서 앞으로 개발해

| | 작업 일정 | 마감일 | 오너 | 진행 상태 | 업무 막힘 | 해결안 |
|---|---|---|---|---|---|---|
| ① | | | | | | |
| | ... | | | | | |
| ⑧ | 데이터 클렌징 완료 | 2/18 ~~2/4~~ | 김상수 | RED | | |
| ⑨ | 대시보드 디자인 완료 | 3/11 ~~2/18~~ | 이요연 | RED | | |
| ⑩ | 대시보드 개발 완료 | 3/25 ~~2/25~~ | 최수현 | RED | | |
| ⑪ | [목표] 데이터 서비스 출시 | 4/22 ~~3/11~~ ← 6주 연기됨 | | RED | | |

야 할 미완료Backlog 업무 목록을 관리할 때도 이러한 트레이드 오프 임팩트 데이터에 기반하여 처리해야 할 업무의 우선순위를 결정할 수 있다.

올해 예산이나 업무 계획에 전혀 반영되지 않은 매력적인 사업 기회를 갑작스럽게 포착했을 때에도 이 프로세스를 활용하면 적절한 결정을 내릴 수 있다. 한정된 자원 때문에 해당 사업의 추진을 고사하거나 반대로 무턱대고 추가 인력을 뽑기보다는 현재 우리 기업이 가지고 있는 한정된 리소스를 사용하여 기업의 ROI를 극대화할 수 있는지 여부를 구체적으로 살펴볼 수 있기 때문이다. 이러한 신사업 추진에 대한 명확한 결정을 신속하게 내릴 수 있게 하는 것 또한 애자일 업무 관리 프로세스가 제공하는 핵심 기능 중 하나다.

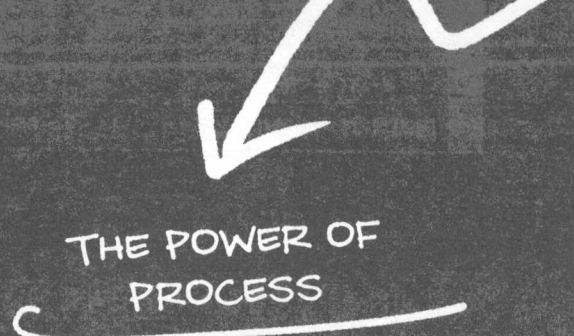

# THE POWER OF PROCESS

Ownership + customer obsession

4장

# 진취적인 조직문화를 만드는 스탠더드 오퍼레이팅 프로세스

# 조직문화의 진정한 의미와
# 그 위력

## 조직문화에 대한 오해와 착각

현재 대다수의 기업이 조직문화의 중요성을 인식하고 이를 강화하기 위한 다양한 시도를 하고 있다. 조직문화를 전담하는 팀을 운영하거나 임직원과 정기적인 타운홀 미팅을 통해 보다 부드러운 소통을 추구하는 등 조직 내 긍정적인 근무 환경을 조성하기 위해 다양한 프로그램을 시행하고 있다.

하지만 정작 기업들이 조직문화를 논의할 때, '우리 기업이 추구하는 조직문화란 무엇인지', '이를 통해 달성하고자 하는 구체적인 목표는 무엇인지' 그리고 '그 목표가 왜 중요한지'에 대해 조직 구성원들과 심도 있게 고민하고, 이를 조직 내부에 투명하게 공유하는 경우는 상대적으로 드물다고 할 수 있다. 대다수의 기업들은 '조직문화'가 긍정적인 업무 환경을 만들어줄 것이라는 막연한 기대감으로 접근하기 때문이다. 조직문화로 직원들의 업무 만족도나 생산성이 높아질 것이라 추측만 할 뿐, 조직문화 구축의 효과를 객관적으로 측정하거나 구체적인 성과로 연결하려 하지 않는다.

또한 미국 실리콘밸리의 유명 기업들이 다양한 매체를 통해 홍보하는 사내 복지 정책들, 예를 들어 무료 점심과 커피 제공, 무료 세탁 서비스, 푸스볼(테이블 축구 게임) 시설 등 눈에 보이는 표면적인 요소를 '조직문화'로 착각해, 단순하게 이를 모방하는 기업도 종종 있다. 이러한 요소들이 제공되면 자연스럽게 좋은 조직문화가 만들어지리라 생각하는 것이다. 이는 완전히 잘못된 전제를 바탕으로 조직문화를 구축하고자 하는 경우다.

조직문화는 복지 정책과 같은 외형적인 요소로 만들 수 있는 것이 아니다. 조직의 핵심 가치와 방향성에 의해 결정된다. 앞서 언급한 복지 정책들이 전혀 없는데도 '강한' 조직문화를 갖고 있기로 유명한 아마존을 보면 알 수 있다.

국내 기업들 사이에서 한때 유행처럼 도입되었던 '수평적' 조직문화 또한 비슷한 한계를 보여준다. 실제로 수평적 조직문화를 추구함으로 달성하고자 하는 목표를 명확히 설정하고, 이를 실현하기 위한 프로세스를 설계하고 개선하며, 성과를 주기적으로 점검해 발전시켜 나가는 기업이 드물다. 수평적인 조직문화를 구현하고자 호칭과 직함을 없애고 이름을 부르는 방식을 도입했지만, 여전히 상급자가 업무를 지시하고 하급자가 이를 수행하는 권위 중심의 의사결정 구조를 유지하는 경우가 많기 때문이다. 수평적 문화를 표방하면서도 본질적인 의사결정 구조와 업무방식은 그대로 유지하거나, 목표가 명확하지 않은 상태에서 표면적인 변화만을 추구한 것이다. 이는 조직문화의 본질적 의미를 깊이 고민하지 않은 채 외형적인 요소들만을 적용했을 때 발생할 수 있는 한계를 보여주는 사례라고 할 수 있다.

## 조직문화는 하나된 결속력과 빠른 실행력을 만든다

이에 반해 실리콘밸리의 기업들이 추구하는 조직문화는 목적한 바가 분명하다. 이들 기업이 조직문화를 통해 이루고자 하는 것은 '조직의 내부적 통합internal alignment'으로, 조직을 구성하는 각양각색의 개인들에게 기업이 추구하는 공통된 정체성을 부여함으로써 하나로 통합하는 것이다. 이를 통해 조직의 결속력을 강화하며 구성원

간의 응집력을 높이는 데 초점을 맞춘다.

조직 내부의 강력한 통합이 실리콘밸리의 기업들에게 특히 중요한 이유는, 애초에 이들 조직이 수평적인 구조를 기반으로 구축되었기 때문이다.

수평적 조직문화와 수직적 조직문화의 가장 큰 차이는 바로 조직의 내부 통합을 이루는 방식에 있다. 수직적 조직문화는 다소 반강제적인 방식을 사용하더라도 조직 내부의 일체감을 비교적 쉽게 유지할 수 있다는 장점이 있다. 명확한 계층 구조와 지휘 체계 아래에서 구성원들은 상명하복 원칙을 따르며 자연스럽게 조직의 통일성이 형성된다. 이러한 운영 방식은 특히 전통적인 국내 기업문화에선 일반적이었기에 그동안 국내 기업에서는 그다지 큰 문제가 되지 않았다.

미국과 같이 개인주의 문화가 발달한 사회에서는 이와 같은 수직적인 방식으로 조직을 운영하는 것이 사실상 어렵다. 개인주의적 성향을 지닌 구성원들에게 절대적인 복종을 요구하는 것은 큰 반발을 불러일으킬 가능성이 크며, 이는 조직의 안정성을 저해할 수 있다.

최근 들어 국내 기업들도 개인주의적 가치관을 가진 새로운 세대의 직원들이 조직 내 주요 구성원으로 자리를 잡아가는 환경에 직면하고 있다. 기존의 수직적 문화만으로는 조직 통합을 유지하기가 어려워 국내 기업들도 수평적 문화에 대한 관심이 높다.

수평적인 조직문화에서는 조직 내부의 통합이 기업의 성패를 좌우할 수 있는 핵심 요소로 작용한다. 상명하복이 아닌 협력과 자율을 바탕으로 운영되는 수평적 조직에서 구성원들이 공동의 목표를 향해 일치단결하지 못하면, 개인의 자율성은 오히려 조직 내 혼란과 비효율성을 초래할 수 있기 때문이다.

　이를 극명하게 보여주는 사례가 바로 한때 인터넷 포털 시장의 최강자로 군림했던 야후의 몰락이다. 야후는 조직 내부의 통합을 이끌어내지 못한 결과, 내부적으로 기업 정체성에 대한 혼란과 파편화된 구조, 의사결정의 지연 등으로 큰 어려움을 겪었다. 결국 이러한 문제들이 누적되며 야후는 경쟁력을 잃었고 시장에서 점차 밀려나게 되었다.

　현재 가상화폐 기업 리플의 대표이자, 야후의 전 부사장을 역임했던 브래드 갈링하우스Brad Garlinghouse는 야후의 몰락을 회고하며 "야후 내부에서는 회사의 정체성에 대해 제각각 다른 생각을 가지고 있었습니다. 메일, 뉴스, 검색 등 부서마다 서로 다른 방향성을 추구했습니다"라고 말했다. 또한 야후에서 프로덕트 매니저로 일했던 그렉 코엔은 "신제품 기획에 필요한 투자 결정과 내부 합의를 달성하는 것은 거의 불가능했죠"라고 회상하며, 빠르게 성장하는 기업에서 내부적으로 분열된 조직이 겪게 되는 실무적인 고충에 대해 토로한 적이 있다.

이처럼 수평적 조직문화에서의 내부 통합은 단순한 조직 운영의 문제가 아니라, 기업의 존폐를 결정짓는 요인이 될 수 있다. 이는 주 핵심 노동 인구의 개인주의 성향이 강해지고 있는 국내 기업 환경에서도 더 이상 간과할 수 없는 중요한 사안이다.

내부적으로 통합이 안 되는 조직에서는 구성원들이 서로 다른 방향으로 움직이며 분열될 수밖에 없다. 게다가 지금처럼 기업 환경이 빠르게 변화하는 시대에는 조직이 한 번 분열되기 시작하면, 걷잡을 수 없이 그 속도가 더욱 가속화된다.

반면, 공통된 정체성으로 응집된 조직은 어떠한 상황에서도 유연하고 민첩하게 대응할 수 있는 강한 조직력을 발휘한다. 이러한 조직은 외부 환경의 급격한 변화에도 일관된 가치관과 공통의 목표를 향해 일사분란하게 움직인다. 나아가 어떠한 상황에서도 내부 결속을 다지며 빠르게 실행할 수 있는 조직력은 핵심 기업 경쟁력이 된다.

# 프로세스를 중심으로 돌아가는 조직문화의 특징

**어떻게 그렇게 비슷한 사람들만 모여 있을까?**

개인의 자유와 독립성이 중요한 개인주의 문화권에서는 조직 공동체에 무조건적으로 충성하라는 식의 이념은 직원들이 쉽게 받아들여지지 않는다. 따라서 실리콘밸리 기업들은 직원 개인의 가치관과 신념을 존중하면서도, 조직이 추구하는 공동의 목표와 비전에 자발적으로 공감하고 참여하여 내부 단결을 이끌어 낼 수 있는 조직문화를 만드는 데 주력한다.

그들은 우리 기업이 추구하는 신념, 가치관, 행동 양식 등을 포괄하는 우리 기업만의 정체성에 빠르게 동화될 수 있는 '진취적인 성향'의 직원들을 선별하고, '고객 중심'이라는 모든 구성원들이 흔쾌히 동의할 수 있는 하나의 목적의식을 부여해 그들만의 조직문화를 설계한다. 이미 업무 오너십이 투철한 개인들이 모여 하나의 목적을 향해 일사분란하게 움직이는 조직은 그 결속력과 단결력이 폭발적일 수밖에 없다.

실제로 내가 경험한 바도 마찬가지였다. 미국 5대 빅테크 기업 중 하나인 아마존의 조직문화는 '억척스럽다'는 한마디로 정리된다. '억척스럽다'는 단어의 사전적 의미 그대로, 그 어떤 어려움에도 무슨 일이든 억세고 끈덕지게 해나가는 태도를 가진 사람들이 모여서 일하는 곳이 바로 아마존이다. 나와 함께 일했던 동료들도 대기업에 다니는 직원이라기보다는 스타트업 CEO처럼 일을 추진하고 밀어붙이는 사람들이 대부분이었다. '도대체 이 회사는 어떻게 이런 사람들만 골라서 뽑았지?', '어떻게 이런 조직문화가 가능한 거지?'라는 생각이 저절로 들었다.

그리고 내가 내린 결론은 그 비결이 바로 '프로세스'에 있다는 것이었다. 아마존과 같은 강한 조직문화는 진취적인 성향의 사람들만 뽑아서 뚜렷한 목적의식을 부여하고 하나의 구심점으로 결집시킬 때 만들어졌다. 이는 비단 아마존뿐만 아니라 이러한 프로세스를 그대로 따른 스타트업 '츄이' 같은 다른 기업들에서도 볼 수 있는 현상으로, 조직문화까지도 변화시킬 수 있는 프로세스의 위력을 제대로 보여주는 사례라고 할 수 있다.

　따라서 이번 챕터에서는 진취적인 성향의 직원들만 뽑을 수 있게 설계된 아마존의 채용 방식과 이러한 성향의 조직 구성원들에게 뚜렷한 목적의식을 부여하고 한 방향으로 나아가도록 결집시키는 고객 제일주의 기반의 내부 프로세스 운용 방식에 대해서 자세히 살펴보고자 한다. 이와 더불어 이 프로세스를 우리 기업의 상황에 맞게 적절히 도입하는 방안에 대해서도 함께 알아볼 것이다.

# 직원이 아닌
# 업무의 '주인'을 채용한다

## 조직문화 설계의 시작은 채용

미국심리학회에서 출간한 《진로 설정 개입과 관련한 핸드북APA Handbook of Career Intervention》은 개인-환경 적합성Person-Environment Fit, 즉 사람의 타고난 성격과 성향이 개인의 진로 선택과 업무 성과에 미치는 영향에 대한 여러 가지 학술 연구를 다루고 있다. 1909년부터 시작된 이 분야의 연구는 사람마다 특정한 환경에서 잘할 수 있는 고유의 업무 능력이 개인의 성격 및 성향과 연관성이 있음을 밝혀냈다. 이 연구가 의미하는 바는 분명하면서도 단순하다. 직원에게 높은 자율성을 부여하는 스타트업 같은 업무 환경에서 일을 진취적으로 잘

할 수 있는 직원과 그렇지 않은 직원 사이에는 성격 및 성향과 관련된 상당한 편차가 존재할 수밖에 없다는 것이다.

실리콘밸리 기업들은 이러한 개인의 성격과 성향에서 오는 환경 적응력 차이를 인지하고 그들 기업이 추구하는 조직문화에 잘 융화될 수 있는 성향의 인재를 선별해 채용하는 것을 조직문화 구축을 위한 핵심으로 여기고 심혈을 기울인다. 기업이 추구하는 공통된 핵심 가치와 행동 양식을 정의하고 이를 기준 삼아 지원자를 선별·채용한다. 대표적인 사례로 구글을 들 수 있다. 구글은 그들 조직문화에 가장 적합한 인재상을 (구글의 산업 분야 특성상) 불확실성을 편안하게 받아들이는 능력이 있는 사람, 행동 중심적인 사람 등 'Googleyness'라고 불리는 매우 구체적인 행동 양식과 성향으로 정의·분류하고, 그 기준에 부합하는 직원만을 채용한다.

## 가치관과 신념이 부합하는 직원을 뽑아야 하는 이유

여전히 많은 기업들이 그들이 바라는 인재상을 '똑똑하고 업무 능력이 뛰어나며 팀원들과 원활하게 소통할 수 있는 사람'이라는, 다소 일반적이고 포괄적인 특징으로 정의하고 이를 기준으로 직원을 채용한다. 하지만 '기업이 추구하는 가치는 무엇인지', 그리고 '이를 반영하는 세부적인 행동 양식이 무엇인지' 등 우리 조직에 맞는 뚜렷한 인재상에 대한 정의와 기준 없는 채용은 기업 비용과 ROI 측면에서 대단히 비효율적이다.

잘못된 채용으로 기업이 떠안게 될 가장 큰 손실 비용 중 하나가 조직문화에 적응하지 못해 입사 후 1년 안에 퇴사하는 '조기 퇴사자' 관한 비용이다. 고용노동부와 한국고용정보원의 '2023년 하반기 기업 채용동향 조사'에 따르면, 매년 신규 입사한 대기업 직원의 평균 16.1퍼센트가 1년 내 퇴사하는 것으로 나타났으며, 조사에 응답한 대기업 315곳 중 75.6퍼센트가 신규 입사자의 조기 퇴사로 인한 손실 비용이 1인당 2000만 원 이상이라고 밝힌 바 있다. 다시 말해 조직의 가치관과 신념에 부합할 수 있는 성향의 직원을 채용하는 것이, 이러한 가치관을 매우 생소하게 여기는 직원을 채용하여 새로운 가치관을 심어줘야 하는 것보다 훨씬 더 효율적이라 할 수 있다.

## 오너십을 가진 직원을 찾아라

스타트업의 경영진들이 나에게 가장 많이 물어보는 것 중 하나가 바로 효율적인 직원 관리법이다. 많은 경영진이 회사 직원 모두가 업무에 대한 강한 오너십을 가지고 능동적으로 일하기를 바라는데, 자기들 생각처럼 그게 잘 되지 않는다며 하소연을 하곤 한다.

그들이 토로하는 공통적인 고민은 크게 세 가지로 나뉜다. 하나는 현재 수동적인 업무 태도를 가진 직원을 능동적으로 일하게 만들려면 어떻게 그들을 코칭하고 관리해야 하는지, 두 번째는 노사관계에서든 채용 시장에서든 소위 말하는 '을'의 입장에 놓인 스타트업이 가고자 하는 방향성에 맞춰 조직을 일사불란하게 움직이려면 어떻게 해야 하는지, 세 번째는 그러한 스타트업의 조직문화에 적합한 좋은 인재를 채용하려면 어떻게 해야 하는지이다.

이렇게 경영진들이 고충을 토로할 때면 나는 가장 먼저 '지금 현재 회사에서 어떤 식으로 채용 프로세스를 운영하고 있는지'를 묻는다. 안타깝게도 이렇게 물어봤을 때 명확한 기준과 프로세스를 가지고 사람을 채용한다고 대답하는 회사가 별로 없다. 그리고 바로 거기서 문제가 시작된다. 회사의 운영 자금이 부족하여 허리띠를 졸라매야 하는 대부분의 스타트업에서는 채용을 단지 '지금 당장 필요한 인력'을 뽑는 구인 활동 정도로 생각하는 경향이 있는데, 이러한 채용 방식이 위 세 가지 직원 관리 문제를 초래하는 가장 큰 원인 중 하나로 작용하게 된다.

기업에서 지금 당장 업무를 처리해줄 인력이 급하게 필요할 때 채용을 진행하면, 채용의 퀄리티가 상대적으로 낮아질 수밖에 없다. 이렇게 직원을 채용하면, 우리 기업이 지향하는 능동적인 업무 문화나 조직문화를 앞으로 더 강화해 나갈 수 있는 지원자를 시간을 두고 까다롭게 선별하여 뽑기보다 지금 당장 업무를 처리할 사람을 일단 뽑게 된다.

이런 성급한 채용이 반복되면 채용 시장에서 기업이 '을'이 되는 것은 물론이고, 현재 회사에서 근무하는 직원들에게도 '우리 회사는 채용이 잘 안 되는 회사' 혹은 '낮은 퀄리티의 지원자만 뽑는 회사'라는 다소 부정적인 인식을 심어줄 수 있다. 애초에 기업에서 업무 태도가 수동적인 직원들을 뽑아놓고선 직원들의 업무 태도가 아쉽다며 고충을 토로하는 아이러니한 상황이 벌어지는 것이다.

이러한 상황은 결국 기업이 '개인-환경 적합성'을 제대로 이해하지 않아 발생한다. 개인의 성향과 성격에 따라 직원에게 높은 자율성을 부여하는 스타트업 같은 업무 환경에서 일을 진취적으로 잘할 수 있는 직원과 그렇지 않은 직원 사이에는 성격 및 성향과 관련된 상당한 편차가 존재할 수밖에 없다. 그러므로 능동적인 성향의 직원을 원하는 기업이라면 인재 채용에 앞서 지원자의 경력 및 직무 관련성뿐만 아니라 이러한 기업 환경에서 업무 성과를 낼 수 있는 지원자의 행동 성향을 선별하여 채용하는 것이 중요하다.

그러나 채용 시장에서 강한 업무 오너십을 가지고 주체적으로 일할 수 있는 업무 성향을 가진 지원자가 상대적으로 드물다는 게 가장 큰 걸림돌이다. 그러므로 기업은 지원자의 성향을 파악할 수 있는 행동사건면접BEI, Behavior Event Interview에 기반한 채용 프로세스를 수시로 운영하여 충분한 시간을 두고 능동적인 성향의 지원자를 선별하는 것이 매우 중요하다.

메타의 디자인 부문 부사장으로 일한 적 있는 줄리 주오Julie Zhuo는 자신의 저서 《팀장의 탄생》에서 채용과 관련한 장기적 계획 수립의 중요성을 강조하며 이렇게 말했다.

"건강한 식단을 원한다면 일요일에 마트에 가서 미리 장을 보며 식단을 계획하는 것이 좋습니다. 마찬가지로 미리 어떤 역할을 채용할지 계획하는 것은 당신이 꿈꾸는 팀을 만드는 데 도움이 될 것입니다."

이처럼 채용은 '지금 당장 일할 사람을 뽑는 것'이 아닌 장기적 관점을 가지고 신중하게 접근해야 하는 일이다. 여러분이 직원을 채용하는 리더의 위치에 있는 사람이라면 매년 초 미래의 조직도를 그려보며 팀에서 어떤 '역할'을 할 사람을 채용할지에 대해 미리 꼭 계획을 세우길 권한다. 또한 채용을 보다 장기적인 관점에서 바라보면서 지원자가 지금 당장 채용 제안을 수락하지 않더라도 미리 관계를 구축하고 꾸준히 관리할 수 있어야 한다.

# 실력과 가치관을 모두 검증하는 기준, 리더십 원칙

### 우리 조직이 추구하는 성향의 인재를 어떻게 파악할 수 있을까?

그렇다면 지원자의 업무 경험이나 수행 능력뿐 아니라, 조직의 가치관과 행동 양식에 부합할 수 있는 성향을 가진 지원자를 선별해 채용하기 위해 실리콘밸리 기업들은 어떤 방법을 활용할까? 바로 행동 면접Behavioural Interview을 진행한다. 국내에서는 행동사건면접으로도 불리는 이 면접은 지원자의 행동 성향을 면밀하고 객관적으로 파악할 수 있게 해준다. 단순히 지원자의 '과거 업무 성과'에 대해 묻기보다 지원자의 '과거 행동 패턴'을 최대한 객관적으로 분석해, 그들의 업무 성향이 우리 회사가 원하는 기준에 부합하는지 판단하도록 고안되었다.

이러한 행동 면접 프로세스를 체계적으로 운영하는 회사로는 아마존, 마이크로소프트, 넷플릭스 등을 꼽을 수 있다. 그중 아마존은 그들이 추구하는 인재상, 즉 조직 구성원들이 갖춰야 할 행동 양식을 16개의 '리더십 원칙'으로 정의하고, 이를 채용 관련 페이지에 상세히 공개하고 있다. 또한 채용 페이지에 이러한 리더십 원칙을 기반으로 한 행동 면접이 어떻게 진행되는지, 지원자가 예상할 수 있는 질문 유형은 무엇인지에 대해서도 투명하게 안내하고 지원자에게 기대하는 답변 형식도 구체적으로 제시하고 있다.

아마존의 채용 프로세스는 그들이 추구하는 인재상, 진취적인 성향의 사람들을 뽑는 데 최적화되어 있다고 해도 과언이 아니다. 진취적인 사람일수록 목적한 바를 이루기 위해 적극적으로 뛰어들며 투철한 주체성과 주인의식을 가지고 일하기 때문이다. 따라서 아마존이 행동 면접에 활용하는 16개의 리더십 원칙 중 무려 10개가 주체적 문제 해결 능력과 관련되어 있다. 이러한 기준 확립과 설계 덕분에 아마존은 회사가 추구하는 핵심 행동 양식인 능동적인 문제 해결 능력과 강한 주인의식을 가진 지원자를 자연스럽게 선별하게 된다.

아마존의 채용 평가 항목 중 지원자의 주체적 문제 해결 능력을 검증할 수 있는 기준, 리더십 원칙 10개를 살펴보면 다음과 같다.

1. **고객에 집착하라**: 최고의 고객 경험을 제공하기 위해 지원자가 고객의 문제를 주체적으로 해결했던 사례를 검증할 수 있다.
2. **주인의식을 가져라**: 지원자가 과거 어떻게 주인의식을 발휘하여 문제를 해결했는지 평가할 수 있다.
3. **창조하고 단순화하라**: 지원자가 문제를 해결하기 위해 창의적으로 생각하거나 복잡한 문제를 단순화하여 해결했던 사례를 평가할 수 있다. 기존과 다른 새로운 방법으로 문제를 해결해야 할 때 지원자의 주체적인 문제 해결 능력을 평가할 수 있다.
4. **정확하고 옳아야 한다**: 올바른 결정을 내리기 위해 다양한 의견과 객관적인 사실을 종합적으로 취합하여 합리적인 의사결정을 내렸던 사례와 옳은 의사결정에 대한 지원자의 주인의식을 평가할 수 있다.
5. **배우고 호기심을 가져라**: 지원자가 새로운 지식을 배워 실무에 적용해봤거나 지원자가 새로운 정보를 습득하여 문제를 주체적으로 해결한 사례를 평가할 수 있다.
6. **최고를 채용하고 육성하라**: 관리자급 채용에 주로 사용하는 항목으로, 팀을 관리하는 관리자가 최고의 직원을 채용하고 육성하기 위해 주체적으로 행동한 사례를 평가할 수 있다.
7. **최고의 기준을 고집하라**: 업무 퀄리티에 대한 지원자의 주인의식을 평가하는 항목으로, 아웃풋의 품질을 높이기 위해 주체적으로 행동했던 사례를 평가할 수 있다.

8. **크게 생각하라**: 본인이 맡은 임무만 성실하게 하는 것이 아니라 폭넓은 시야로 조금 더 멀리 보고, 보다 더 혁신적인 결과를 내기 위해 주체적으로 문제를 해결했던 사례를 평가할 수 있다.
9. **심층적으로 분석하라**: 복잡하고 어려운 문제의 정확한 원인을 파악하여, 그 문제를 근본적으로 없애는 지원자의 주체적인 문제 해결 능력을 평가할 수 있다.
10. **결과를 내라**: 본인의 노력이 최고의 성과로 이어질 수 있도록 업무 성과에 관한 지원자의 주인의식을 평가할 수 있다.

이러한 리더십 원칙에 기반한 채용 프로세스는 각 원칙을 개별적으로 평가할 수 있을 뿐만 아니라, 다양한 상황에서 지원자의 주인의식, 다시 말해 주체적인 문제 해결 능력이 어떻게 발휘되었는지를 종합적이고 면밀하게 평가할 수 있게 한다. 단순히 '업무를 처리할' 직원을 뽑는 것이 아닌, 기업가정신을 가진 '업무의 주인'을 뽑는 데 최적화된 채용 프로세스인 것이다.

이처럼 직장에서 유독 '어른 문화'를 강조하는 아마존의 강한 조직문화는 진취적인 성향의 사람을 뽑는 데서부터 시작한다. 기업이 추구하는 조직문화에 적합한 인재상을 생각해보고, 이러한 성향의 인재를 뽑을 수 있는 채용 프로세스를 고안하여 운영하는 것부터가 성공하는 조직문화의 첫걸음이라고 하겠다.

# 지원자의 과거 행동 패턴을 파악하는 행동사건면접

## 생각이나 의견이 아닌 행동을 보는 법

구글, 애플, 아마존 등 실리콘밸리 기업 대부분이 활용하는 행동사건면접은 신입, 경력직, 인턴사원 구분 없이 모든 채용 프로세스에 적용되며 보통 4~8명의 면접관이 지원자와 일대일로 약 1시간 동안 진행한다. 아마존에서 5~6명의 면접관이 평가할 수 있는 총 리더십 항목은 10~12개로, 지원자의 행동 성향과 패턴을 객관적인 사실에 의거해 평가하기에 충분한 정보량이라고 할 수 있다.

행동사건면접을 제대로 운영하려면 지원자의 과거 행동을 최대한 객관적으로 분석할 수 있는 면접 기술이 필요하다. 지원자가 과거에 무엇을 했는지만 단순하게 묻고 지나가는 형식으로는 지원자의 실제 업무 성향을 파악하기 어렵다. 예를 들어, 지원자에게 프로젝트를 주도한 경험에 대해 묻는다고 해보자. 지원자가 스스로 자원을 해 그 프로젝트를 따왔는지, 상사가 시켜서 어쩔 수 없이 했는지, 주어진 상황에 떠밀려 하게 되었는지 어떻게 알 수 있을까? 지원자가 어떻게 프로젝트를 주도하게 되었는지에 대한 앞뒤 내용을 파악하지 못하면 정확한 행동 분석이 어려울 수 있다.

또한 지원자의 업무 성과를 제대로 평가하려면 지원자의 업무 성과가 지원자 혼자 해낸 일인지, 아니면 동료나 상사가 도와준 것인지, 또는 단순히 타이밍이 좋아서였는지 등을 분명하게 구분해야 한다. 그래야 지원자의 업무 능력을 제대로 평가할 수 있다. 그리고 이러한 맥락과 정확한 사실 관계를 파악하려면 객관적인 사실을 끌어낼 수 있는 면접 기술이 필요하다.

만약 지원자의 행동 성향을 면밀히 분석하지 않고 오로지 지원자의 스펙이나 업무 성과만을 가지고 평가하게 되면 잘못된 채용으로 이어질 가능성이 높다.

실제로 나는 한 국내 기업 고객에게 이러한 채용 프로세스를 소개하고 파일럿 프로세스를 운영한 적이 있다. 그리고 이 기업에서 원하는 완벽한 이력서를 가진 지원자와 행동사건면접을 진행하게 됐다. 지원자의 스펙이 워낙 뛰어났고, 본인 스스로 데이터 분석이

취미라고 말해 회사 측의 기대가 큰 상황이었다. 하지만 지원자의 과거 행동을 분석한 결과, 지원자가 언급한 데이터 분석은 대시보드에서 지표를 추출해 그대로 보고하는 일이었고, 호기심이 생겨 데이터를 심층적으로 분석하거나, 주체적으로 일을 시작해 새로운 인사이트를 얻게 된 경험은 없었다. 만약 지원자의 행동 성향을 파고드는 행동사건면접을 진행하지 않았다면 이러한 사실 관계나 지원자의 업무 주체성을 파악하기 어려웠을 것이다.

## 어떤 질문을 어떻게 던져야 하는가

그렇다면 이 같은 행동사건면접을 우리 기업의 채용 시스템에 반영하고 싶다면 어떻게 해야 할까?

행동사건면접을 도입하고 싶다면 이를 무작정 가져오기보다 먼저 우리 회사가 원하는 조직문화에 가장 적합한 인재상을 정의하는 작업이 필요하다. 회사가 바라는 조직문화는 상하관계가 분명한 수직형인데 위계질서를 거부하는 '자유로운 영혼'을 뽑아선 안 될 것이다. 마찬가지로 회사가 바라는 조직문화는 주인의식을 가지고 주도적으로 일하는 업무 문화인데 맡은 역할 외에는 하지 않으려 하는 '프로 워라밸러'를 뽑으면 시작부터 곤란해진다.

이러한 인재상을 떠올려보고 난 후에는 아마존의 리더십 원칙처럼 '어떤 상황에서 어떤 행동을 보이는 사람'이라고 구체적으로 여러 가지 상황을 상정해본다. 회사가 원하는 인재의 기준을 단순히 '똑똑하고 동료와 커뮤니케이션을 잘하며 업무 오너십이 강한 사람' 처럼 보편적으로 정의하기보다 특정한 성향을 나타낼 수 있는 '상황'을 중심으로 세우면 보다 더 객관적인 채용 평가 기준을 만들 수 있다.

이렇게 행동 성향에 대한 기준을 세웠으면 실제 면접에서 사용할 수 있는 다양한 질문 사례들을 만들어 채용 매뉴얼을 작성한다. 그런 뒤 면접관들에게 이를 공유하고 교육한다. 실제 면접을 진행하기 전 내부 모의 면접 훈련을 거쳐 행동사건면접 방법을 충분히 숙지할 수 있도록 해야 한다.

다대일 면접 방식은 면접관들끼리 은연중에 서로의 생각과 판단에 대한 영향을 주고받기 때문에, 행동사건면접은 되도록이면 일대일로 진행한다.

디브리핑을 할 때에는 면접관들끼리 지원자의 행동 성향 분석에 대한 서로의 피드백을 공유하고 논의한다. 물론 모든 면접관이 다 합격을 주면 채용 결정에 문제가 없겠지만, 때로는 면접관들의 의견이 서로 갈리기도 한다. 이럴 때를 대비해 만장일치일 때만 채용이 가능하다든지, 두 명 이상의 면접관이 불합격을 주면 채용 불가라든

### 채용 매뉴얼의 사례

| 핵심 가치 | 회사가 바라는 행동 성향 | 행동 성향을 파악하기 위한 면접 질문 |
|---|---|---|
| Commitment | • 업무를 하는 데 어려움이 있더라도 문제를 해결하고자 하는 의지와 노력을 보이며, 결국 문제를 해결해낸다. | • 업무를 추진하는 데 많은 어려움이 있었음에도 내가 맡은 업무를 끝까지 수행했던 경험에 대해 설명해주세요.<br>• 업무를 추진하다가 좌절한 경험이 있나요? 어떻게 극복했나요?<br>• 업무를 끝내지 못했던 경험에 대해 설명해주세요. 업무를 끝마치지 못한 결과는 어떻게 됐나요? 그러한 상황을 어떻게 극복했나요?<br>• 업무 목적이 명확하지 않아서 업무 처리에 문제가 생겼던 경험이 있나요? 그것을 어떻게 극복했나요? |
| Communication | • 자신의 생각을 고수하기보다 다양한 관점에서 생각하고 의견을 수렴한다.<br>• 데이터와 논리적 근거를 통해 자신의 생각과 주장을 명확하게 전달한다. | • 동료와 업무 문제를 논의할 때, 내 주장을 굽혀야 했던 상황에 대해서 설명해주세요.<br>• 자신의 의견과 다른 의견을 가진 동료와 협력한 경험이 있으신가요? 그때 어떻게 의견을 조율하셨나요?<br>• 동료의 의견이 자신의 의견과 완전히 반대되는 경우, 어떻게 의견을 조율하셨나요?<br>• 회의나 보고를 할 때에 데이터와 논리적 근거를 사용하여 자신의 주장을 효과적으로 전달한 경험이 있으신가요? 그때 어떤 데이터와 논리적 근거를 사용했나요? |
| Teamwork | • 팀워크와 협업을 중요시하며 동료가 요청하는 사항에 대해 빠르고 정확하게 피드백을 준다.<br>• 개인의 이익보다 팀의 이익을 우선시하며 팀의 성공을 위해 기여한다. | • 동료가 도움이 필요할 때 적극적으로 도와주신 경험이 있으신가요? 그때 어떻게 도움을 주셨나요?<br>• 동료가 요청하는 사항에 대해 부정적인 피드백을 주어야 하는 경우, 어떻게 피드백을 주셨나요?<br>• 개인의 이익보다 팀의 이익을, 팀의 이익보다 회사의 이익을 최우선으로 생각한 경험이 있으신가요? 그때 어떤 행동을 하셨나요? |

| | | |
|---|---|---|
| Excellence | • 책임감과 성실성을 바탕으로, 주어진 업무를 완벽하게 수행한다.<br>• 문제를 객관적으로 파악하고, 해결을 위한 대안을 제시한다.<br>• 도전적인 목표를 달성하여, 동료들에게 동기 부여와 영감을 준다. | • 중요한 일을 처리하는 과정에서 업무를 완벽하게 수행하는 데 어려움을 겪은 적이 있으신가요? 그때 어떻게 대처하셨나요?<br>• 불가능해 보이는 도전적인 목표를 스스로 설정하고 최고의 성과를 달성하신 경험이 있으신가요? 그때 어떤 목표를 설정하고 어떻게 달성하셨나요?<br>• 도전적인 목표를 달성하는 과정에서 어려움을 겪은 적이 있으신가요? 그때 어떻게 그 상황을 극복하셨나요? |

지 등 최종 채용 결정에 관한 내부 프로토콜을 세운다.

행동사건면접을 보는 지원자를 충분히 준비시키는 것도 기업의 몫이다. 이 면접의 취지는 지원자의 행동 성향을 충분히 검증하기 위한 것이지, 브레인 티저 Brain Teaser(창의적인 발상과 논리적인 문제 해결을 요구하는 면접 질문)처럼 전혀 예상치 못한 질문으로 지원자의 순발력, 사고력, 창의력을 검증하는 것이 아니기 때문이다. 따라서 지원자가 면접에 임하기 전에 우리 회사의 핵심 가치와 회사가 기대하는 행동 성향에 대해 충분히 설명해주는 중간 절차가 필요하다. 그래야만 지원자도 본인 스스로 우리 회사와 결이 맞는지 고려하면서 면접을 준비할 수 있다.

아마존 채용 웹사이트에 가보면 행동사건면접의 평가 항목인 아마존 리더십 원칙 16가지와 면접 질문 유형, 지원자가 준비해야 할 답변 형식이 구체적으로 기재되어 있다. 아마존의 경우처럼 자세히

적을 수 없다면 다음과 같이 핵심 가치 위주로 간단하게 작성해도 된다. 다음은 국내 기업 D에서 지원자에게 보낸 행동사건면접 안내문의 일부다.

다음 인터뷰는 지원자가 ○○ 기업의 핵심 가치를 기반으로 행동한 구체적인 사례에 대해 알아보는 시간입니다. 면접관은 ○○ 기업의 핵심 가치 중 두 가지를 선택하여 지원자에게 질문할 것입니다.
답변은 다음과 같이 STAR 형식으로 해주시면 됩니다.

▸ STAR 형식의 답변이란?
- Situation(상황): 어떠한 상황인지 설명합니다.
- Task(업무): 어떠한 업무였는지 설명합니다.
- Action(행동): 업무를 수행과 관련된 나의 행동을 설명합니다.
- Results(결과): 내 행동의 결과가 어땠는지 설명합니다.

○○ 기업의 핵심 가치는 다음과 같습니다.

| 핵심 가치 | |
|---|---|
| Commitment | 업무 목표를 명확히 이해하고 일에 대한 열정을 가지고 몰입한다. |

| | |
|---|---|
| Communication | 자신의 생각을 고수하기보다 다양한 관점에서 생각하고 의견을 수렴한다.<br>데이터와 논리적 근거를 통해 자신의 생각과 주장을 명확하게 전달한다. |
| Teamwork | 팀워크와 협업을 중요시하며 동료와 서로 돕고 배운다.<br>동료가 요청하는 사항에 대해 빠르고 정확하게 피드백을 준다.<br>개인의 이익보다 팀의 이익을 우선시하며 팀의 성공을 위해 기여한다. |
| Excellence | 책임감과 성실성을 바탕으로 주어진 업무를 완벽하게 수행한다.<br>문제를 객관적으로 파악하고 해결을 위한 대안을 제시한다.<br>도전적인 목표를 달성하여, 동료들에게 동기부여와 영감을 준다. |

혹자는 이렇게 철저히 지원자를 준비시키면 모든 지원자가 행동사건면접을 다 통과하게 되는 것이 아닌가 하는 우려를 하기도 한다. 그러나 실제로는 그렇지 않다. 10~12개의 다양한 행동 평가 항목에서 우리 회사의 핵심 가치에 부합하는 행동 사례를 일관적으로 보여준다는 것이 쉽지 않기 때문이다. 또한 행동사건면접을 진행하는 면접관도 지원자가 준비한 답변을 수동적으로 듣고만 있지 않고 구체적인 사실 관계를 파악할 수 있는 다양한 질문들을 던지며 계속해서 검증을 해나간다. 그렇기에 오히려 스펙이나 과거 성과만을 가지고 사람을 채용할 때보다 우리 회사의 핵심 가치에 더 부합하는 알맞은 인재를 뽑을 수 있다.

# 단단한 조직문화를 만드는
# 단 하나의 목적의식, '고객 중심'

미국 CIA에서는 정보원을 포섭해야 하는 임무를 가진 모든 스파이들을 대상으로 모든 인간의 행동을 이끄는 핵심 동기 요인인 RICE 모델을 가르친다.

R – 보상 Reward

I – 이데올로기 Ideology

C – 강요 Coercion

E – 자존심 Ego

CIA 매뉴얼에 따르면 모든 사람에게 위 네 가지 동기 중 하나가 강력하게 작동되며, 그중에서도 가장 강력한 것은 인간 자신을 넘어서는 위대한 대의에 관한 신념, 즉 이데올로기라고 한다.

일반적인 기업에서는 조직 구성원들을 동기부여할 때, 연봉 인상과 보너스와 같은 '보상', 평가와 승진과 같은 '에고(자존감)'에 기반한 동기부여 모델을 주로 사용한다. 하지만 실리콘밸리 기업들은 이 네 가지 동기부여 모델 중 인간의 행동을 가장 강력하게 이끌 수 있는 동기 요인 '이데올로기'를 그들의 조직문화를 구축하는데 매우 핵심적인 요소로 활용한다.

구글과 아마존을 비롯한 기업들이 조직문화를 구축하는 데 핵심적으로 활용하는 공통의 이데올로기는 바로 '고객 중심', 즉 고객을 최우선으로 두고 기업의 모든 활동을 이끌어가는 목적의식이다.

고객 중심은 어떠한 상황에서도 변하지 않는 조직의 정체성으로 활용할 수 있는 최고의 이데올로기다. 조직 구성원들이 흔쾌히 동의할 수 있는 이타주의적 가치로, 뚜렷한 업무 목적의식을 제공하고 조직의 결속을 다지는 데 탁월한 효과가 있다.

## 구성원들을 하나의 구심점으로 결집시키는
## 최고의 목적의식

기업이 조직 구성원들에게 부여하는 목적의식이 없거나 단순히 회사의 매출과 이익만을 추구하는 기업은 조직 구성원들이 회사의 목적과 비전에 100퍼센트 공감하지 못해, 강한 조직문화를 만드는 데 필요한 내부 결속이 잘 이루어지지 않는다.

또한 기업의 존재 이유를 고객이 아닌 특정 제품이나 서비스로 정의하는 경우, 기업 환경의 변화나 성장에 민첩하게 대응하지 못해 조직문화에 균열이 발생할 수 있다. 한때 인터넷 포털 업계를 군림했던 야후는 조직의 내부 결속이 기업의 발목을 잡은 대표적인 사례다. 야후는 성장하는 기업이 조직을 한 방향으로 정렬시키지 못했을 때 발생하는 여러 문제들을 적나라하게 보여줬다.

반면 동시대의 야후와는 정반대의 성장을 이룬 구글은 회사의 미션을 어느 한 특정 서비스 제공자로 정의하기보다는 '세상의 모든 정보를 조직화하고, 누구나 쉽게 접근하고 유용하게 활용할 수 있도록 만든다'와 같이 고객 편리성에 초점을 맞춘 개념으로 정의했다. 게다가 '사용자에게 집중하라. 그러면 나머지는 자연히 따라온다'라는 내부 운영지침을 통해 조직 정체성을 사용자 중심으로 확립했다. 고객 중심이라는 이념을 기업의 정체성으로 활용한 구글은 별다른 내부 균열 없이 다양한 사업에 진출하여 세계적인 기업으로 성장했다. 만약 구글이 그들의 정체성을 고객 중심이 아닌 특정 기술이나 서비스에 국한해 설정했다면, 아마도 구글 또한 야후가 겪었던 내부 통합과 관련된 문제를 회피하기는 어려웠을 것이다. 빠르게 변화하는 환경에서 구성원들이 공동체의 정체성에 공감하지 못하면 그 조직을 통합할 수 있는 결속력과 응집력이 약화될 수밖에 없기 때문이다. 아마존도 마찬가지다. 아마존이 회사 설립 비전을 '지구상에서 가장 고객 중심적인 기업'이 아닌 '세계에서 가장 성공적인 온라인 서점'으로 했다면, 클라우드 서비스를 비롯해 다양한 사업으로 다각화를 추진할 때 지금과 같은 결실을 맺지 못했을지도 모른다. 정체성이 명확하지 않은 기업이 해당 사업을 성공적으로 수행할 수 있을지에 대한 의구심이 계속해서 따라다녔을 것이다.

### '고객 중심'이 업무 몰입도와 효율성을 상승시킨다

고객 중심이라는 목적의식은 조직 구성원들에게도 중요한 동기부여로 작용한다. 구성원들은 자신의 업무가 고객에게 미치는 영향을 이해할 때 일에 더 큰 의미와 가치를 부여하고 더 높은 업무 몰입도를 보인다. 고객 중심적인 기업의 직원들이 그렇지 않은 기업에

비해 2.2배 높은 업무 몰입도를 보인다는 사실은 포레스터 리서치 Forrester Research의 연구 결과에서도 밝혀진 바 있다.

고객 중심을 실천하는 조직의 포커스는 자동적으로 고객에 맞춰진다. 모든 업무에서 고객을 중심에 둔 대화와 결정이 보편화되고, '고객을 위해 ~를 해야 한다' 또는 '고객을 위한 최선의 방법은 무엇인가?'와 같은 질문을 자연스럽게 한다. 나 또한 아마존에 입사해서 가장 놀랐던 부분이 바로 아마존 직원들의 이러한 대화 패턴이었다. 전 직원이 무슨 말만 하면, '고객'이라는 단어를 마치 세뇌된 것처럼 되풀이하는 통에 내가 예전에 일했던 회사에서 '고객'을 단 한 번이라도 언급한 적이 있었는지 되짚어볼 정도였다.

실무자의 관점에서 고객 중심을 실천하는 조직의 가장 큰 장점은 빠르고 효율적인 의사결정이다. 제품 출시, 신사업 검토와 같은 중요한 의사결정을 내려야 할 때 사내 정치나 부서 간의 경쟁 없이 오로지 '고객을 위한' 의사결정을 쉽고 빠르게 내릴 수 있다. 또한 신규 제품 기획 단계에서 세부 기능과 구성을 논의할 때 상사나 경영진의 다분히 주관적이고 개인적인 의견을 배제하고, 오직 고객의 관점으로 제품의 기능과 구성을 생각해볼 수 있다. 업무의 우선순위를 정할 때도, 가장 많은 고객에게 파급력을 미칠 수 있는 순서로 결정이 가능하다.

## '고객 중심'을 실행하는 조직을 만드는 프로세스

빠르게 변화하는 지금의 기업 환경에서 조직의 내부 결속을 가장 강력하게 끌어내는 방법은 '고객을 위한'이라는 어떤 상황에서도 흔들리지 않는 조직의 정체성을 부여하는 것이다. 이러한 이념에 기반한 조직문화 구축 전략은 비단 구글뿐 아니라 아마존, 애플, 메타 등 성공적으로 사업을 운영하는 대다수의 실리콘밸리 기업들이 채택한 방식이다.

그러나 실리콘밸리 기업들의 '고객 중심 경영'은 우리가 보편적으로 생각하는 것과는 엄연히 다르다. 흔히 고객 중심 경영이라고 하면 단순히 고객과의 접점을 늘리거나 고객의 의견을 업무에 반영하는 정도로 생각하지만, 실리콘밸리 기업들이 하는 고객 중심 경영은 실제 모든 과정에서 고객 중심을 실천하는 조직을 만들기 위한 것으로, 기업의 모든 운영 방식을 재편성하는 수준의 과감한 실행을 요구한다.

'조직이 실천하는 고객 중심'은 '고객'이라는 단어가 경영진의 연례행사에서만 등장하거나, 단순히 고객 중심 경영을 표방하는 기업에서는 볼 수 없는 현상이다. 그렇다고 핵심 기업 가치를 담은 컬처 덱을 만들고 사내 교육 프로그램을 진행한다고 해서 모든 조직 구성원들이 하루아침에 그 기업 가치를 내재화하고 실천하는 것도 아니다.

실리콘밸리 기업들이 고객 중심을 실천하는 조직을 만드는 비법은 프로세스에 있다. 제프 베이조스는 비저너리 CEO이자 디테일에 강한 기업의 오퍼레이터로, "(경영은) 좋은 의도만 가지고는 안 됩니다. 메커니즘이 필요하죠 Good intentions don't work. Mechanisms do."라고 말할 정도로 평소 기업 경영에서 프로세스와 메커니즘의 중요성을 강조해왔다.

그래서 그는 아마존의 모든 시스템이 고객 중심으로 운영될 수 있도록 회사의 핵심 운영 프로세스를 '고객 제일주의' 기반으로 재설계했다. 모든 직원들이 고객의 의견을 지속적으로 청취할 수 있는 프로그램을 고안했고, 서비스 센터에 고객이 문제 제기를 한 물건에 대해 담당 직원이 판매를 중지시킬 수 있는 안돈 코드 Andon Cord 시스템을 도입하여 고객의 의견에 빠르고 민첩하게 대응할 수 있도록 했다.

또한 표준화된 업무 템플릿을 만들어서 모든 직원이 고객 중심으로 생각하고, 고객 제일주의 가치를 업무에 반영하도록 했다. 이렇게 해서 탄생한 것이 바로 앞에서 자세히 설명한 아마존의 내부 상품 기획 프로세스인 PR/FAQ다. PR/FAQ는 오로지 고객의 관점에서 제품을 기획하도록 설계된 매우 효율적인 업무 도구이자 아마존만의 독특한 운영 방식으로 회사 전체의 포커스가 고객 중심으로 옮겨가는 효과를 가져온다.

이 외에도 기업의 핵심 가치에 기반한 채용과 인사 평가 프로세스를 고안하여 고객 제일주의를 이미 실천해본 인재만을 채용하고, 고객 제일주의 실천 여부가 직원들의 승진과 평가에 반영되도록 설계했다. 다소 추상적일 수 있는 경영 철학을 치밀한 프로세스를 통해 조직 내에서 살아숨 쉬는 가치로 만들어버린 것이다.

기업의 모든 시스템이 이렇게 특정 가치를 기반으로 운영되면, 조직은 자연스럽게 그 가치를 내재화하게 된다. 모든 조직 구성원들이 실천하는 기업문화는 어느 한 가지 이니셔티브로 만들어지는 것이 아니다. 기업의 모든 운영 시스템들이 그 가치를 기반으로 서로 상호작용하고 효과를 증폭시키며 운영될 때만이 가능하다. 이것이 바로 아마존이 실행한 고객 제일주의다. 그리고 이러한 기업문화를 성공적으로 뿌리내리고 강한 조직문화를 만드는 것이 바로 제프 베이조스가 강조한 메커니즘 경영, 즉 프로세스다.

# 고객의 소리가 사업과 승진에 반영되어야 하는 이유

## 고객의 소리가 곧 제품이 되는 회사

고객의 의견을 청취하고 업무에 반영하는 일은 비단 고객 서비스 센터에서 일하는 직원만의 몫이 아닌 조직 구성원 모두의 일이다. 그런 이유로 많은 기업이 고객의 의견을 청취한다는 명목으로 '고객의 소리' 제도를 운영한다. 그러나 단순히 고객의 불만 사항을 접수하는 데 그칠 뿐 고객의 의견을 체계적으로 업무에 반영할 수 있는 프로세스를 가진 기업은 드물다.

　고객의 소리를 제품 개발 등에 직접 반영하는 대표적인 기업으로는 레고LEGO를 들 수 있다. 레고는 레고 아이디어스LEGO IDEAS라는 별

**레고 아이디어스 플랫폼 페이지**

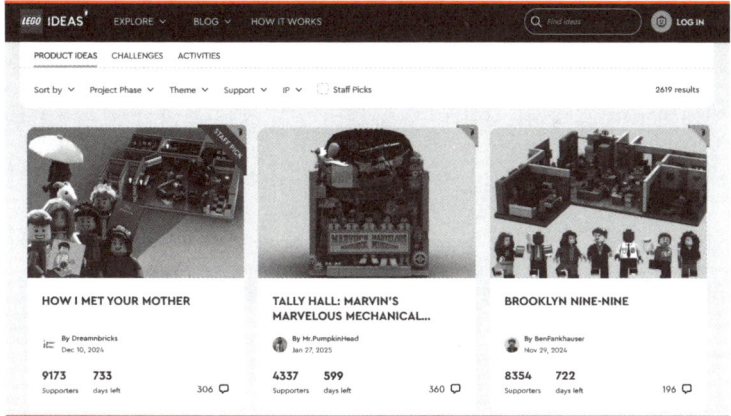

출처: https://ideas.lego.com

도의 플랫폼 운영을 통해 고객들의 의견을 수용하는 것으로 유명하다. 고객은 이 플랫폼에 자체적으로 개발한 레고 디자인을 제출할 수 있는데, 해당 디자인이 레고 아이디어스 커뮤니티에서 큰 인기를 얻으면 레고가 내부 심사를 거쳐 이를 제품으로 출시해준다. 고객들의 의견을 직접적으로 사업에 반영해주는 것이다.

레고 아이디어스가 과연 레고이기에 때문에 가능한 일이라고 생각되는가? 그렇지 않다. 레고처럼 별도의 플랫폼 없이도 충분히 고객 서비스 센터팀이 주도하는 고객의 소리 프로그램을 만들 수 있다. 고객 서비스 센터는 고객과 가장 밀접하게 소통할 수 있는 창구이며, 고객이 직면한 문제를 가장 빠르게 파악할 수 있는 기업의 최전선 라인이기 때문이다. 고객 서비스 센터팀이 한 주 동안 고객으로부터 접수된 불만과 이슈 사항, 제품과 서비스를 사용하는 고객의 피드백을 정리하고 이를 경영진을 포함한 전사와 논의하면 된다. 주기적인 미팅을 통해 지금 당장 해결이 가능한 이슈인지, 조금 더 모니터링을 해볼 사안인지, 또는 신제품을 출시할 때 반영해야 할 사항인지 등을 결정한다. 이런 식으로 별도의 플랫폼 없이도 고객의 의견을 업무에 반영하는 체계적인 프로세스를 구축해볼 수 있다.

## 고객 제일주의를 고려한 인사 평가

모든 직원들이 고객을 최우선으로 생각하고 행동하길 바란다면, 직원들의 승진과 보상에 직접적인 영향을 주는 인사 평가 제도가 동반돼야 한다. 그들만의 특별한 조직문화로 유명한 넷플릭스의 경영 철학처럼 '진정한 기업 가치는 누가 보상을 받는지, 승진하는지, 해고되는지를 통해' 드러나기 때문이다.

미국 렌터카 업계 1위인 엔터프라이즈Enterprise는 현장에서 바로 서비스 이용 고객의 피드백을 수집하고, 고객을 응대했던 직원의 매니저에게 고객의 피드백을 즉시 통보하는 시스템을 갖추고 있다. 고객의 피드백은 각 지점의 성적과도 연결되는데, 지점의 성적이 미국 전체 지점 평균보다 낮으면, 그 지점을 관리하는 관리자의 진급과 보너스에 영향을 주는 인사 평가 제도도 함께 운영한다.

아마존의 경우에는 아마존 리더십 원칙을 기반으로 한 역량 평가가 인사 평가에 반영된다. 이 평가는 동료와 상사로부터 피드백을 받는 360도 다면 평가로 진행되는데, 리더십 원칙 중 직원의 강점과 개선점에 해당하는 항목을 선택하여 언제 어떻게 리더십 원칙을 실천했는지, 또는 원칙에 부족한 행동을 보였는지 구체적으로 기술하도록 되어 있다. 리더십 원칙의 가장 첫 번째가 고객 제일주의이므로, 거의 모든 직원들이 고객 제일주의 실천 여부에 대한 피드백을 서로 주고받는 평가 문화가 형성된다.

이러한 인사 평가 시스템의 세부 구성과 직원들의 승진과 보상에 무엇이 영향을 끼치는지 같은 문제는 기업의 재량에 달려 있다. 그보다 중요한 점은 직원들이 고객 제일주의를 가치 있는 행동으로 인식하고, 이를 내재화할 수 있는 평가 시스템 자체가 존재해야 한다는 것이다. 따라서 고객 제일주의 가치를 조직 내부에 성공적으로 안착시키고자 한다면, 직원들의 고객 제일주의 실천 여부를 인사 평가에 반영하는 프로세스는 필수라고 할 수 있다.

# 설립 6년 만에 업계 2위가 된 스타트업의 비밀

## 고객 중심을 넘어 고객에 집착하는 회사

이 책에서 소개해온 여러 SOP를 꾸준히 실천한 미국의 반려동물 용품 전문 이커머스 기업 '츄이'는 회사 설립 후 6년 만에 미국 온라인 반려동물 사료 판매의 55퍼센트, 온라인 반려동물 용품 전체 시장의 35퍼센트를 점유한 기업이다. 미국에서 아마존의 이커머스 시장 점유율이 약 40퍼센트 정도인 것을 감안하면, 온라인 반려동물 용품 시장에서 아마존의 시장점유율을 바짝 뒤쫓는 업계 2위가 된 츄이의 성공 신화는 매우 주목할 만하다.

'반려동물 용품 업계의 아마존'이라고도 불리며 고객 중심적인

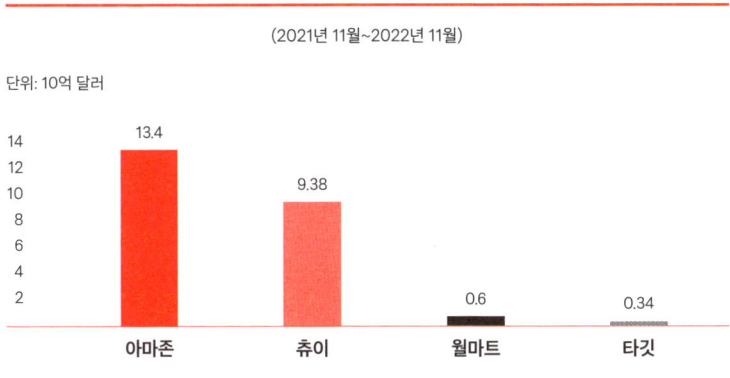

출처: Shopper Intelligence, Similar Web, https://globalpetindustry.com/article/e-commerce-performance-trends-2022

기업으로 유명한 츄이는 개와 고양이뿐 아니라 새와 파충류 등 가정에서 기를 수 있는 동물과 관련된 제품을 취급하는 종합 반려용품 전문 온라인 쇼핑몰이다. 반려동물의 사료, 간식, 배변 패드, 장난감, 영양 보충제 등을 판매하며 매출의 70퍼센트 이상을 반려동물 용품 정기배송 구독 서비스로부터 창출한다. 또한 2018년부터는 반려동물 헬스케어 사업으로도 진출해 반려동물에게 필요한 모든 제품과 서비스를 원스톱으로 제공하고 있다.

업계에서 최고의 고객 만족을 제공하는 회사답게 츄이의 고객 집착은 유명하다. 츄이의 고객상담 센터는 24시간 연중무휴로 운영되고, 고객상담 센터에서 근무하는 직원들은 반려동물과 관련한 고객의 어떤 문의에도 대응할 수 있도록 전문적인 교육을 받는다. 또한 고객과의 감정적 및 정서적 유대도 매우 중요하게 여겨서 반려동물의 생일에는 축하 카드를, 반려동물이 사망했을 때는 위로의 메시지를 보내주는 서비스를 제공한다. 상담원과 반려동물의 사진을 공유했거나 츄이 어카운트에 등록한 고객에게는 반려동물의 초상화를 그려 보내주기도 한다. 이러한 남다른 고객 집착에 대해 츄이의 고객 서비스 부사장인 켈리 더킨Kelli Durkin은 다음과 같이 말했다. "저희는 상담원들이 고객의 말을 적극적으로 경청하고 공감을 이끌어낼 수 있도록 교육합니다. 고객이 결혼식을 언급하면 결혼 선물을 보내드립니다. 고객 서비스 상담원은 고객을 만족시키도록 훈련받습니다. 비용을 절감하기 위해 고객 서비스를 최적화하는 것이 아닙니다."

츄이가 이와 같은 기업문화를 만들 수 있었던 비결은 다름 아닌 프로세스에 있다. 츄이는 아마존의 리더십 원칙과 매우 유사한 10개 운영 원칙Operating Principles, OP을 기반으로 회사를 운영한다.

아마존과 마찬가지로 츄이는 업무 주체성이 높은 지원자를 선별할 수 있게 해주는 회사의 10개 운영 원칙을 채용 프로세스에 반영하고, 그중 가장 첫 번째 항목인 '고객 우선'을 서비스 기획, 고객상담 센터 운영, 직원 평가 등 회사의 모든 시스템 전반에 적용하는 SOP를 따르고 있다. 진취적인 성향의 직원을 뽑아 고객 제일주의라는 목적의식을 부여함으로써, 고객 제일주의를 실천하는 강력한 조

출처: www.amazon.jobs, Chewy.com

직을 만들어낸 것이다.

츄이의 이와 같은 기업 성과는 목표한 바를 달성하도록 설계된 프로세스를 따라 꾸준히 실행하면 결과를 가져다주는 프로세스의 위력과 어느 기업에서나 동일한 효과를 내는 프로세스 경영의 확장성을 대표하는 사례라고 할 수 있다.

## 조직을 움직이는 강력한 소프트웨어

어느 하나의 가치로 똘똘 뭉쳐 한마음 한뜻으로 일하는 조직문화를 구축하기란 굉장히 어려운 일이다. 하지만 진취적인 직원들을 뽑아 고객 제일주의로 똘똘 뭉친 조직을 만들어낸 아마존과 츄이를 살펴보면 이것이 마냥 불가능한 일은 아니다.

성공적인 기업들은 체계적인 프로세스를 통해 기업의 핵심 가치를 조직 내부에 뿌리내리고, 그 핵심 가치를 실행하는 조직문화를 구축해 나간다. 그리고 이들 조직에서 이러한 일은 기업문화팀과 같은 어느 한 특정 '부서'가 담당해야 하는 일이 아닌 '프로세스'가 주도해야 하는 일이다. 다시 말해 위대한 기업들의 단단한 조직문화는 일주일에 한 번 하는 타운홀 미팅이나 각종 사내 캠페인, 직원 교육 등과 같은 '소프트 프로그램'이 아닌 조직의 핵심 운용 방식부터 재설계하는 '하드 프로세스'로부터 시작한다.

프로세스를 통해 흔들리지 않는 기업 가치와 견고한 조직문화를 구축하는 것은 성공하는 기업들의 습관이다. 꾸준히 지속적으로 반복되는 행동 양식으로 한결같은 성과를 내는 프로세스, 이제는 조금 더 매력적으로 다가오지 않는가.

# 공정한 성과 평가를 위한 스탠더드 오퍼레이팅 프로세스

## 기존의 성과 평가 방식의 문제점

사실 이 내용을 써야 할지 오랫동안 고민이 많았다. 나는 인사 전문가도 아니고 성과 평가 제도 컨설팅이 나의 전문 분야도 아니기 때문이다. 하지만 기존 성과 평가 제도의 좋은 점과 나쁜 점을 모두 경험해보았기에 오랜 고민 끝에 문제 파괴를 추구하는 한 프로덕트 매니저의 관점으로 공정한 평가 문화를 만들 수 있는 프로세스에 대한 화두를 던져보려고 한다.

현재 대부분의 실리콘밸리 기술 기업들은 연말에만 하는 성과 평가의 문제점을 보완하기 위해 상시 리뷰 방식의 평가를 병행해서 운영하고 있다. 이들 기업들이 하는 평가는 두 축으로 나눠진다. 첫 번째는 직원들에게 성과에 대해 책임을 묻고, 좋은 퍼포먼스를 내는 직원은 승진이나 보너스를 주고 그렇지 않은 직원은 내보내거나 불이익을 준다는 의미의 '보상'과 연결된 연말 평가다. 두 번째는 직원들의 역량과 '업무 성과 개선'에 초점을 두는 커리어 측면의 상시 평가다.

1년에 한 번 하는 연말 평가는 직원들의 역량을 개선시킬 수 있는 커리어 디벨롭먼트 기능이 부족하다. 직원들의 역량을 발전시키고 업무 성과를 개선하려면 그때그때 퍼포먼스에 대한 피드백을 제공하고 개선할 수 있는 시간을 주어야 하는데, 연말에만 하는 평가는 그 타이밍이 너무 늦다.

실리콘밸리의 기술 기업들은 기존 시스템의 이러한 커리어 디벨롭먼트 기능의 부재를 보완하고자 직장 상사와 일대일로 진행하는 주기적인 피드백 제도를 도입했다. 가장 최근에 전 세계적으로 활성화된 기업 트렌드라고도 할 수 있는 상시 리뷰 방식의 성과 평가는 언뜻 보면 기존 성과관리 시스템의 모든 문제점을 해결해줄 것 같지만, 막상 현실은 그렇지 않다.

상시 평가의 가장 큰 문제점은 상사가 전문 커리어 코치가 아니라는 점이다.

상사는 말 그대로 직장에서 자신의 분야에서 일하는 상사일 뿐,

누군가의 커리어를 코칭하기 위해 입사한 사람이 아니다. 설령 이러한 제도를 도입하여 상사를 교육하고 훈련한다고 해도 상사가 하루아침에 실력 있는 커리어 코치가 되지도 않는다. 상사 중에 정말 부하 직원들을 육성하는 데 큰 관심을 기울이고 거기에 본인의 시간을 적극적으로 투자하는 사람이 과연 얼마나 있을까? 자기 일 하느라 바쁜데 부하 직원들의 커리어 개발을 적극적으로 지원하고 내일처럼 책임감 있게 맡아서 하는 상사는 별로 없을 것이다. 회사에서 상사가 부하 직원에게 얼마만큼 도움이 되는 조언과 코칭을 해줬는지를 평가하고 관리하지도 않는다.

더 큰 문제는 따로 있다. 회사에서 나의 직무역량 강화를 위해 모셔온 커리어 코치가 이제 나의 연말 보너스도 책정하는 상황이 됐다는 것이다. 나의 보상을 결정하는 사람과 '이러저러한 영역에서 나의 역량이 부족한 것 같으니 이를 어떻게 개선하면 좋겠냐' 같은 진정성 있는 대화를 나눌 수 있는 직원이 과연 몇이나 될까.

커리어 코치와 연말 평가자를 분리하지 않을 때 발생할 수 있는 또 다른 문제는 바로 연말 평가의 공정함과 형평성을 악화시키는 편견과 편향이 쌓이게 된다는 점이다. 여러 직원들과 상시 피드백 세션을 진행하면 할수록 상사는 그들과 각기 다른 친분 관계를 맺으며 편견이 생길 수밖에 없다. 동료들의 피드백을 취합하는 360도 다면 평가를 도입하더라도, 결국 팀원의 보상과 연결된 최종 연말 평가를 하는 사람이 상사 한 사람이면 결국 같은 문제가 발생하게 된다.

코로나로 인해 원격근무제가 도입됐을 때, 가장 화두가 됐던 부분도 바로 이 관리자의 편견과 편향에 관한 것이었다. 실제 같은 업무를 하고 같은 성과를 내도, 관리자가 가진 근접 편향(물리적, 심리적으로 자신에게 친숙하고 가까울수록 그것에 호의적인 정보만을 찾으려 하는 것) 때문에 직원들의 승진과 보상이 공평하게 이루어지지 않아서 문제가 되었다. 원격근무제가 끝나며 슬그머니 화제가 전환됐지만, 다시 한 공간에서 일한다고 해서 관리자의 심리적인 편견과 편향이 성과관리에 미치는 문제가 완전히 해결되지는 않는다. 직원들의 평가 점수는 성과만큼이나 '평가자'가 누구인지와 관련이 있으며, 사람들은 자신과 비슷한 사람에게 더 높은 점수를 준다는 것이 이미 여러 연구 결과를 통해 밝혀졌기 때문이다.

직원들에게 업무 퍼포먼스와 개선점에 대해 주기적으로 피드백을 주는 시스템 자체에는 문제가 없다. 하지만 이러한 시스템을 본래 커리어 디벨롭먼트 취지에 맞게 운영하려면, 직원들의 실제 업무성과를 향상시킬 수 있는 전문적인 코칭과 멘토링 등 지금보다 훨씬 더 많은 투자가 필요하다. 직원들의 커리어 디벨롭먼트에 진정성 있는 투자를 한다는 것은 기업 HR 전략 측면에서도 심도 있게 고민해 봐야 할 부분이다. 실리콘밸리의 기술 기업들 중에도 직원들의 내부역량 강화에 투자하기보다는 조직 전체의 역량을 높일 수 있는 외부 인사 채용을 핵심 HR 전략으로 삼는 회사들도 많다.

그렇다면 보상을 결정하는 연말 평가를 공정하게 할 수 있는 방법은 과연 있을까? 지금처럼 상사 한 명이 연말에 직원의 보상을 결정하는 연말 평가 시스템으로는 결코 쉽지 않다는 것이 나의 생각이다. 따라서 고객 중심으로 생각하며 완벽한 문제 파괴를 추구하는 프로덕트 매니저 관점에서 이 문제의 값을 0으로 만들려면, 상사는 연말 평가에서 아예 빠져야 한다. 그렇다면 상사가 빠진 연말 평가가 실제로 가능할까?

## 중간 관리자 없이 스스로를 평가한다: 모닝 스타의 사례

미국 캘리포니아주에 있는 토마토 가공 업체인 모닝 스타 Morning Star 는 중간 관리자가 없는 회사로 유명하다. 1970년에 설립된 모닝 스타는 미국 가공 토마토 시장에서 40퍼센트의 점유율을 차지하고 있는 회사로, 정규직 직원 550여 명에 연 매출 규모는 8억 달러에 달한다.

모닝 스타에는 중간 관리자가 없어서 '직장 상사'라는 개념이 아예 존재하지 않는다. 그래서 전 직원이 자신의 역량과 업무 성과를 셀프로 평가한다. 직원들은 동료들로부터 받은 360도 다면 평가 피드백과 함께 지난 1년간 수행한 업무와 달성한 성과를 스스로 평가하고 자신의 성과에 부합하는 급여 인상과 보너스 금액을 스스로 설정해 평가 위원회에 제출한다. 독립적으로 운영되는 이 평가 위원회는 직원들의 셀프 평가 내용을 검토하고 사실 관계를 확인한 후, 성과 대비 적절한 보상 수준을 직원과 논의하고 이를 최종 협의한다. 평가 위원회에 제출한 직원의 급여 인상과 보너스 요청이 성과 대비 과대평가나 과소평가됐을 때, 평가 위원회는 직원들에게 성과에 비례한 적정 범위를 권고하는 역할을 한다.

모닝 스타에서 일하는 직원들은 이러한 평가 제도와 보상 체계를 통해 자신의 업무가 회사 전체에 미치는 영향력과 동료들에게 자신의 업무가 어떻게 인식되는지 객관적으로 파악할 수 있다. 스스로 자신을 평가하고 연봉을 설정하는 것이 누군가의 허락을 구하는 일이 아닌 객관적인 피드백을 받는 기회로 작용하는 것이다.

셀프 평가는 전 직원이 자신의 업무가 회사에 어떠한 기여를 하고 어떠한 가치를 창출하는지 아는 것에서부터 시작한다. 그래서 모닝 스타에서 일하는 직원들은 매년 각자 달성하고자 하는 업무 목표와 성과 지표를 뚜렷하게 정의하고, 어떻게 일을 추진할지에 대한 구체적인 로드맵을 설정한다. 그리고 목표 달성을 위해 협업이 필요한 업무는 협업 담당자와 업무 내용을 논의하여 계획서 안에 업무 담당자로 명시한다. 이렇게 작성한 프로젝트 추진 계획서는 회사 내부 인트라넷에 공개되고 언제든지 수정할 수 있다.

또한 모닝 스타에는 이 같은 직원 개인의 업무 목표와 회사의 업무 목표를 일치시키기 위해 회사와 부서, 팀과 직원 단위로 정렬된 명확한 사명이 존재한다.

- **회사의 사명**: 가성비 있고 친환경적인 방식으로 고객이 기대하는 양질의 토마토 제품을 생산하는 것
- **토마토 키친 부서의 사명**: 각자의 전문성과 지리적인 특성을 가지고 고객에게 최고의 공급망 서비스를 제공하는 풀 서비스 토마토 재료 공급업체가 되는 것
- **토마토 키친 부서에서 일하는 한 직원의 사명**: 새로운 기업 고객 판매처를 확보하기 위한 시장 조사와 잠재 고객 발굴 활동을 하는 것

이 사명에서 가장 눈에 띄는 부분은 바로, 회사와 부서 그리고 개인의 사명이 전부 다 '고객 중심'이라는 것이다. 이는 시시각각 빠르게 변화하는 기업 환경 속에서 안정적인 비즈니스 전략을 추구하려면 고객이 기업에게 원하는 불변의 가치, 이를테면 가장 저렴한 가격, 빠른 배송, 다양한 옵션 등을 북극성 목표 North Star goal(불변의 가치)로 세우고 기업을 운영하라는 제프 베이조스의 경영 철학과도 일맥

상통한다.

모닝 스타의 이러한 업무 운영 방식은 구글이 일하는 방식으로도 알려진 OKR<sub>Objectives and Key Results</sub> 업무 방식과 동일한 형태다. 하나 다른 점이 있다면, 모닝 스타는 고객에게 줄 수 있는 영구적인 가치를 회사와 조직 그리고 직원 단위로 정렬하여 사명으로 정하고, 직원들이 매년 그 사명 안에서 업무 목표를 세울 수 있다는 점이다. 만약 이렇게 하지 않고 OKR을 운영하면 회사의 우선순위가 바뀔 때마다 부서, 팀 그리고 개인별 업무 우선순위를 지속적으로 정렬시키고 수정해야 한다.

OKR과 비교해서 또 다른 차이점은 직원들 스스로 자신의 업무 성과를 셀프 평가하고 보상을 받는 구조가 추가됐다는 점이다. 이 말은 직원들이 업무 목표를 달성했는지 안 했는지가 중요한 것이 아니라 그들이 창출한 업무 가치와 측정이 더 중요해지게 된다는 얘기다.

그러나 이쯤 되면 의문이 하나 생긴다. 만약 직원이 스스로 셀프 평가를 하게 되면 결국 직원 자신의 편향이 반영되어 연말 평가의 편향성 문제가 여전히 존재하는 것이 아닐까? 바로 이것이 모닝 스타에 독립적인 평가 위원회가 존재하는 이유다. 평가 위원회가 일반적인 기업의 평가자와 다른 점은 상사의 편향이 그대로 반영되어 나의 보상을 단정 짓기보다는 독립적인 개체와의 협의를 통해 나의 편향을 스스로 조율하고 조정한다는 점이다.

직원들이 스스로 보상을 정하면 직원들의 임금 상승률이 너무 높아지지 않을까 하는 우려가 있을 수 있으나, 실제 셀프 임금제를 도입한 회사들은 한결같이 그렇지 않다고 말한다. 직원들이 스스로 보상을 정하는 셀프 임금제를 도입한 회사 중에는 버퍼Buffer처럼 모든 임직원들의 임금을 책정하는 공식과 실제 급여를 전 직원에게 투명하게 공개하는 회사도 있다. 혹은 인센트로Incentro처럼 회사의 재정 상황을 먼저 조직과 투명하게 공유하고, 팀별로 임금 인상률을 논의한 후, 마지막으로 내가 원하는 임금 인상률을 제출하게 하는 회사도 있다. 인센트로의 경우, 이러한 셀프 급여 시스템을 도입한 후 임금 인상률은 4.9퍼센트로 책정됐으며 셀프 시스템 도입 전인 4.5퍼센트와 비교해 별다른 차이가 없었다고 한다.

물론 내가 창출한 가치에 대한 성과평가를 100퍼센트 객관적으로 하려면 원칙적으로는 전 직원들의 업무 성과를 하나의 공통 가치로 환산하고 수치로 비교할 수 있어야 한다. 하지만 다양한 부서에서 다양한 업무를 하는 직원들의 업무 성과를 하나의 기준으로 환산하기란 여전히 어려운 과제다.

많은 기업에서 셀프 평가를 고려조차 하기 어려운 이유 중 하나가 바로 이 때문이다. 실제 직원들의 역량을 객관적으로 판단할 수 있는 정확한 데이터가 부족할 뿐만 아니라 데이터를 수집하려는 노력 또한 턱없이 부족하다. 우리 회사에서 일하는 7년 차 대리는 어떠한 업무 능력과 성과를 내야 하며, 과장으로 승진하려면 구체적으로 어느 정도의 성과를 내야 하는지를 객관적으로 말할 수 있는 기업이 몇이나 될까? 그래서 이러한 판단을 그들과 밀접하게 일하는 관리자 한 명에게 전적으로 위임하고, 기업이 공정한 인사관리를 위해 마땅히 해야 할 일을 하지 않는 것이다. 그러나 만약 각 직급마다 회사에서 기대하는 역량과 성과를 투명하게 공유하고 객관적으로 측정할 수 있는 데이터로 만든다면, 지금보다는 훨씬 더 공정한 성과관리 프로세스가 만들어지리라 생각한다.

# 셀프 평가 제도의
# 적용 방법

컨설팅을 하다 보면 "우리 회사는 OKR도 도입하다가 중간에 포기했는데 이런 상황에서 셀프 평가를 할 수 있을까요?"라는 질문을 많이 받는다.

실제로 내가 담당했던 컨설팅 고객사 중에도 OKR를 중간에 포기한 사례가 있었다. 이 고객사는 직원들이 제대로 된 업무 목표를 어떻게 설정해야 하는지 잘 모른다는 것이 가장 큰 문제였다. 회사에서 업무 목표를 세우라니깐 세우는데, '제품 홍보글 20개 작성하고 포스팅하기'처럼 별 의미 없는 업무 목표를 세우거나 회사의 매출 KPI를 자신의 업무 목표로 착각하는 등 나의 업무가 창출해야 할 '가치'가 무엇이냐에 집중하기보다는 '목표를 위한 목표'를 세우는 경향이 다분했다.

이러한 시행착오를 개선하는 방법에는 여러 가지가 있지만 셀프 평가에 가장 적합한 모델을 고안하자면, 북극성 목표를 세우고 이 목표를 향해 나아가게 하는 방식이 가장 바람직하다. 여기서 북극성 목표란 직원들이 각자 자신의 고객에게 줄 수 있는 불변의 가치를 정의한 것으로, 장기적이고 고차원적이며 도달하기 어렵지만 달성하고 싶은 가장 이상적인 고객 경험을 제공하는 궁극적인 목표라고 할 수 있다.

예를 들어 재무팀에서 일하는 직원은 자신의 북극성 목표를 회사의 재무건전성을 최고 수준으로 운영하는 것으로 설정해볼 수 있고, 북극성 목표 지표로는 '매출액 대비 현금흐름 비율을 현재 8.5퍼센트에서 15퍼센트로 끌어올리는 것'으로 정해볼 수 있다. 재무적 관점에서 현금흐름 비율을 기존 수준에서 거의 두 배로 끌어올리는 것은 지금 당장 현실적으로 불가능할 수 있으나 궁극적으로 도전해보고 싶은 가장 이상적인 성과일 수 있다.

북극성 목표와 지표를 정했으면 주기적으로 세부 업무 추진 계획을 세우고 실행 결과를 측정하여 점진적으로 성과 지표를 개선해 나갈 수 있다. 예를 들면, 위의 북극성 목표를 가진 재무팀 담당자는 올해 0.5퍼센트의 비용 절감을 달성하여 매출액 대비 현금흐름 비율을 기존 8.5퍼센트에서 8.8퍼센트로 높이는 일을 추진하고, 내년

3분기까지 운전자본(일상적인 경영 활동에 필요한 현금) 기간을 줄여 매출액 대비 현금흐름 비율을 9퍼센트대로 올리는 일을 추진해볼 수 있다.

이렇게 직원들이 각자의 북극성 목표를 가지고 일하게 되면 자신이 책임지는 한두 가지의 지표를 지속적으로 개선해 나가는 실리콘밸리식 목표 중심의 업무 문화가 형성된다. 대부분의 실리콘밸리의 기술 기업들이 운영하는 이 목표 중심의 업무 문화는 직원들이 R&R로 제한된 역할만을 수행하는 것이 아니라 북극성 목표를 향해 다양한 업무를 주도적으로 수행하고, 자신의 업무 가치를 인지하며 일하는 형태다.

이러한 목표 중심의 업무 문화가 확산되면 직원들은 자신의 업무 진행 성과와 방향을 스스로 체크하면서 목표 달성에 필요한 행동을 능동적으로 취하고 우선순위를 정하며 일하게 된다. 이러한 업무 환경은 세계적인 미래학자 다니엘 핑크 Daniel Pink가 그의 저서 《드라이브》에서 강조한 최고의 성과와 성취감을 이끌어내는 내적 동기부여에 필수적인 세 가지 요건인 자율성 autonomy, 목적의식 purpose, 숙련 mastery을 충족하는 가장 이상적인 업무 환경이다. 그리고 우리는 그러한 업무 환경이 주는 효과를 이미 실리콘밸리의 여러 기업들의 성공을 통해 생생하게 목격하고 있다.

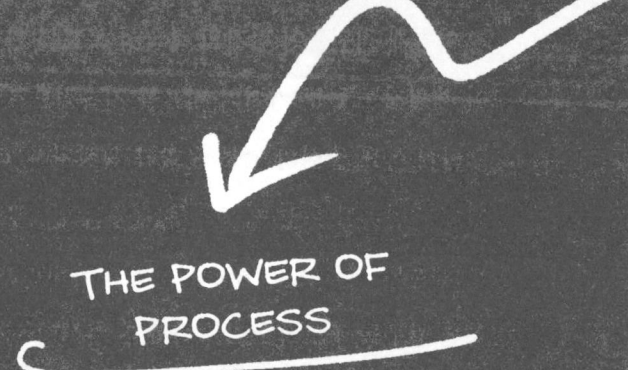

THE POWER OF PROCESS

what leaders need to know

## 5장
### 프로세스로 성공을 설계하고자 하는 리더가 알아야 할 것

# 프로세스와 사람 간의 균형이 중요하다

## 프로세스를 이끌 것인가, 프로세스에 끌려갈 것인가?

아마존은 사람 중심people-driven과 프로세스 중심process-driven 경영 방식의 중간 지점을 최적화한 기업이다.

자율적인 문화를 추구하며 전적으로 사람에 의지하는 경영을 한다거나, 아니면 아예 행정적인 절차만 중요시하는 극단적인 프로세스 중심의 경영을 하는 것이 아니라 책임감 있는 업무 주인을 뽑은 뒤 그들을 자율적인 업무 주도성과 퍼포먼스를 끌어올릴 수 있는 검증된 프로세스에 태운다.

사람 중심이 됐든 프로세스 중심이 됐든 어느 한쪽으로 치우친 경영 방식은 각기 다른 부작용을 낳는다. 내가 예전에 엔젤 투자자로 참여한 어느 한 스타트업은 사람 중심의 경영 방식에 많이 치우쳐 있었다. 물론 회사를 운영하는 데 필요한 여러 가지 내부 프로세스가 있었으나 하루하루 업무를 처리하기 위한 프로세스일 뿐, 기업의 성공 습관을 기르는 제품 기획 프로세스나 조직문화 프로세스는 갖추지 못하고 있었다. 이런 회사는 회사가 돈이 많아 훌륭한 인재를 데려올 수 있을 때는 그 직원에 의존하며 승승장구할 수 있다. 그러나 문제는 회사가 더 이상 훌륭한 인재를 데려올 수 없는 재무적 상황에 직면하거나, 그 인재가 다른 회사로 이직을 하게 될 때다. 이러한 경우 아무리 승승장구를 해온 회사라도 인적 의존도가 여전히 존재하는 그 상태로는 재기하기가 어렵다.

이러한 사람 위주의 경영으로 2억 달러가 넘는 투자금을 모조리 날린 회사도 있다. 팹닷컴Fab.com은 한때 세상에서 가장 빠르게 성장하는 스타트업이라는 타이틀을 거머쥘 만큼 놀라운 성공 가도를 달리던 회사였다. 2011년 팹닷컴은 독창적인 디자이너 제품을 엄선해 큐레이션하는 플래시 세일 사이트를 출시했고, 서비스 출시 후 5개월 만에 100만 고객을 달성하는 경이로운 기록도 세웠다. 메타(페이스북)가 100만 고객을 달성하기까지 10개월이 걸린 것을 감안하면, 실로 엄청난 성과가 아닐 수 없다.

하지만 안타깝게도 팹닷컴의 창업자 제이슨 골드버그Jason Goldberg

는 체계적인 시스템과 프로세스로 기업을 운영하는 숙련된 오퍼레이터가 아니었다. 빠른 성공에 취한 골드버그는 회사의 운명을 가르는 여러 가지 중대한 결정을 독단적으로 내렸고 결국 시행착오가 거듭되면서 회사는 수렁에 빠져버렸다.

이러한 결과를 가져온 가장 결정적인 원인은 팹닷컴이 고객을 이해하지 못했다는 데 있다. 팹닷컴의 고객은 어디에서도 볼 수 없는 독창적이고 색다른 디자이너 제품에 매료되어 열성적인 팬이 되었는데, 어느 순간 그 제품의 독창성이 사라진 평범한 온라인 유통 채널이 되어가고 있었던 것이다. 팹닷컴이 서서히 몰락한 과정에 대해 팹닷컴에서 일했던 한 직원은 이렇게 설명했다.

"팹닷컴은 제품-시장 적합성이 있었지만, 회사는 제품-시장 적합성을 이해하지 못했습니다."

만약 팹닷컴이 고객 중심적인 사고의 본질을 이해하고 체계적인 서비스 기획 프로세스를 만들어 운영했다면, 혹은 아마존처럼 고객 제일주의를 실천하는 조직을 만들어 운영했다면, 이 같은 치명적인 결과는 막을 수 있지 않았을까 하는 많은 아쉬움이 남는다.

반대로 프로세스 중심의 경영 방식에 너무 치우치게 되면 나무만 보고 숲을 제대로 보지 못하는 상황에 빠질 수 있다. 제프 베이조스는 프로세스에만 지나치게 몰두했을 때 발생할 수 있는 위험 요인에 대해 이렇게 설명했다.

"좋은 프로세스는 기업이 고객에게 더 나은 서비스를 제공할 수 있도록 합니다. 하지만 주의를 기울이지 않으면 프로세스 자체가 문제가 될 수 있고 이는 대규모 조직에서 매우 쉽게 발생합니다. 프로세스가 곧 원하는 결과의 대리물이 되기 때문입니다."

즉, 결과는 보지 않고 프로세스를 따르는 그 행위에만 집중할 때 프로세스가 의도한 본래의 의미가 상실될 수 있음을 베이조스는 경고하고 있는 것이다.

기업이 목적을 달성하기 위해 프로세스를 이끌어가는지, 아니면 프로세스에 끌려가는지 이 책을 여기까지 읽은 독자들이라면 이 질문에 대한 답을 지속적으로 확인해 나가며 성공적인 조직을 만드는 프로세스를 현명하게 이끌어 나갈 것이라 믿는다.

'악마는 디테일에 있다 The devil is in the details'라는 영어 속담이 있다. 진짜 문제들은 오히려 보이지 않는 세부적인 부분에 숨어 있다는 뜻이다. 돌려 말하면, 대충 보면 무척 쉬워 보이는 어떤 일도 이를 제대로 해내려면 예상보다 더 많은 시간과 노력을 쏟아부어야 함을 의미한다.

실리콘밸리의 성공한 기술 기업들이 겉으로 보기에는 카리스마 넘치는 CEO와 그들의 도전 정신으로 오롯이 성공한 것처럼 보이지만 사실 이들 기업에서 실무를 해본 사람들은 그게 전부가 아니라는 걸 안다. 실무자들은 성공하는 조직을 만드는 정교하게 짜인 내부 메커니즘과 운영 체계를 경험하고 톱니바퀴처럼 굴러가는 내부 시스템에 감탄한다. 그야말로 악마는 디테일에 있음을 체험하는 짜릿한 순간이다.

# 프로세스의 효과는
# 리더의 결단에 좌우된다

## 프로세스 도입보다 더 중요한 것

이 책에서 소개한 다양한 스탠더드 오퍼레이팅 프로세스를 우리 기업에 적용해보고자 하는 조직 리더들에게 한 가지 당부드리고 싶은 말이 있다. 프로세스를 도입하기로 결정했다면, 리더를 포함한 조직 구성원 모두가 프로세스를 준수하여 조직 내부에서 소위 말하는 '새는 구멍'이 없어야 한다는 점이다.

아무리 고객 제일주의를 기반으로 회사의 운용 시스템과 내부 프로세스를 재설계해도, 기업 오너가 고객 중심과는 동떨어진 의사결정을 하거나 최종 의사결정권자는 프로세스를 건너뛰어도 된다는 식의 행동을 보이면 아무리 공들여 프로세스를 도입해도 그 효과는 떨어질 수밖에 없다. 그리고 그 결과, 프로세스를 도입한 본래의 취지가 퇴색되어버린다. 기업에서 기대할 수 있는 프로세스의 효과는 조직 구성원 모두가 참여하고 지속할 때 나타나는 것이기 때문이다.

이러한 이야기를 하는 이유는 스타트업이든 대기업이든 이러한 모순적인 운용 방식이 실제로 흔하게 발생하기 때문이다. 대기업의 경우 경영진이나 기업 오너는 자신이 이러한 프로세스 적용의 예외 대상이라고 생각하는 경우가 종종 있는데, 절대 그렇지 않다. 앞서 설명한 아마존의 파이어폰 실패 사례를 통해 기업 리더가 프로세스를 준수하지 않을 때 발생할 수 있는 위험 요소에 대해서는 이미 자세히 설명한 바 있다.

스타트업에서도 비저너리 성향의 대표가 자신을 프로세스 적용의 예외로 분류해 프로세스 자체가 와해된 적도 있다. 대표가 프로세스를 따르는 모범을 보이기보다 자신의 측근들과 따로 의사결정을 하고 조직에게 통보하는 형식으로 조직을 운영한 것이다. 이런 식으로 대표 혹은 경영진이 예외 대상을 정해놓고 프로세스를 도입하면, 프로세스를 도입하는 데 사용되는 시간과 돈, 기업의 자원만 낭비될 뿐이다. 그러므로 이러한 헛수고를 하지 않으려면 프로세스 도입에 앞서 기업 리더의 현명한 결단이 필요하다.

에필로그

# 비저너리에서 오퍼레이터가 되기까지

"프로세스? 그거 알맹이는 있는 거야?"

수화기 너머로 실망한 목소리가 역력했다. 내가 아마존을 퇴사하고 프로세스와 메커니즘 중심의 경영 컨설팅을 하겠다고 조언을 구하고 다니던 중, 컨설턴트로 활동하신 적 있는 양환준 현대캐피털 아메리카의 전 CIO님과의 통화였다. 상무님께 조만간 내용을 정리해서 드리겠다는 약속을 하고 전화를 끊었다.

내 딴에는 그동안 잘 알려지지 않았단 실리콘밸리 기업들의 성공 노하우를 세상에 알리고자 큰 결심을 하고 나왔는데, '프로세스'라는 단어를 입 밖에만 꺼내면 다들 실망한 기색들이 역력했다. 내가 말하고자 하는 프로세스는 나 혼자만 알고 있기에는 너무 아까운 보물 지도 같은 건데, 사람들에게 애물단지 취급을 받는 것이 너무도 속상했다.

내가 이 책의 기본 구성이 되는 내용을 글로 쓰기 시작한 건 약 2년 반 전이다. 언젠가는 사람들도 기업을 성공으로 이끄는 프로세스의 전술적 진가를 알아보리라는 확신이 있었기에, 내가 보고 듣고 경험한 것을 꼼꼼하게 적으며 때를 기다렸다.

사실 미국에 가기 전만 해도, 나는 내가 프로세스에 대한 책을 쓰게 될 것이라고는 상상도 못했다. 솔직하게 말하자면, 나는 사전 계획을 세우고 규칙적으로 생활하는 사람이라기보다는 즉흥적이며 자유로운 스타일에 더 가깝기 때문이다. 하지만 내가 미국 기술 기업에서 경험한 프로세스는 내가 사고하는 방식을 바꿨고, 내가 실행하는 방식을 바꿨으며, 결국 나를 바꿨다. 결과만을 중요시하던 내가 과정의 소중함을 깨닫게 된 것이다. 나에게는 어울리지 않는다고 생각한 색깔이 어느새 나를 가장 잘 나타내는 색이 되어버렸다.

내가 프로세스에서 받은 감동을 다른 사람에게 전하기는 쉽지 않았다. 프로세스라고 하면 괜히 따분하고 지루하며 관료주의적인 냄새가 나는 것도 사실이다. 이러한 관념 속에 갇힌 프로세스를 어떻게 끄집어내서 내가 느낀 감동을 다른 사람들에게 전달할 수 있을까에 대해 꽤 오랜 시간 동안 고민했던 것 같다.

이러한 고민을 하는 와중에, 평소 친구로 지내던 스타트업 대표가 나에 대한 이야기를 해보면 어떻겠냐는 조언을 해주었다. 나는 워낙 내성적인 성격이라 웬만하면 나에 대한 이야기를 하지 않는다. 하지만 조언을 준 친구는 내가 프로세스의 부재를 느끼고 안타까워했던 순간이든 프로세스의 참된 위력을 느꼈던 순간이든 내가 겪은 다양한 이야기를 들려주면 사람들이 흥미 있어 할 것이라며 격려했다. 이러한 그의 격려가 없었다면, 나는 아마 이 책을 출간하기보다는 프로세스에 대한 교과서 같은 책을 편찬하지 않았을까 싶다.

프로세스의 어원은 라틴어 processus로, '앞으로 나아가는 과정'을 뜻한다. 이 책이 여러분들이 앞으로 나아가는 과정에 조금이나마 도움이 되길 바란다. 내가 느낀 프로세스의 힘을 여러분들도 한껏 느끼고 경험해보기를 기원한다.

# 참고 문헌

## 프롤로그

1. *Knowledge at Wharton. (2009, May 13). Tesla Motors CEO Elon Musk: 'Great companies are built on great products'. Knowledge@Wharton.* https://knowledge.wharton.upenn.edu/podcast/knowledge-at-wharton-podcast/tesla-motors-ceo-elon-musk-great-companies-are-built-on-great-products/
2. Slack, S.-J. (2024, August 21). *Who is Jeff Bezos: History, background, achievements, and net worth.* Investing.com. https://www.investing.com/academy/statistics/jeff-bezos-facts/
3. Thielman, S. (2015, August 15). *Sundar Pichai: Google's rising star reaches the top (like his teacher said he would).* The Guardian. https://www.theguardian.com/technology/2015/aug/15/google-ceo-sundar-pichai

## 1장 프로세스로 성공을 설계하라

1. Satariano, A., & Burrows, P. (2011, November 3). *Apple's supply-chain secret? Hoard lasers.* Bloomberg Businessweek. https://www.bloomberg.com/news/articles/2011-11-03/apples-supply-chain-secret-hoard-lasers
2. McGee, P. (2022, January 8). *Apple at $3tn: The enigma of Tim Cook.* Financial Times. https://www.ft.com/content/17ecb0a0-8e60-4d02-b1fc-f497c9e31731
3. Orr, A. (2023). *Apple services revenue exceeds Nike & McDonald's combined.* Apple Insider. https://appleinsider.com/articles/23/02/09/apple-services-revenue-exceeds-nike-mcdonalds-combined#

4. Supply Chain Today. (n.d.). *How Apple's inventory management is so lean*. Supply Chain Today. https://www.supplychaintoday.com/apples-inventory-management-lean/
5. Kahney, L. (2019). *Tim Cook: The genius who took Apple to the next level*.
6. Frommer, D. (2009). *Apple's Tim Cook: We're fine without Steve Jobs (AAPL)*. Business Insider. https://www.businessinsider.com/2009/1/apples-tim-cook-were-fine-without-steve-jobs
7. Tichy, N., & Charan, R. (1989, 2020). *Speed, simplicity, self-confidence: An interview with Jack Welch*. Harvard Business Review. https://hbr.org/1989/09/speed-simplicity-self-confidence-an-interview-with-jack-welch
8. Mohajan, H. K. (2021, September 10). *Third industrial revolution brings global development*. Journal of Social Sciences and Humanities, 7(4), 239-251. https://mpra.ub.uni-muenchen.de/110972/
9. 동아 비즈니스 리뷰. (2017, April Issue 2). *VUCA 세계 (VUCA World)의 네 가지 특성*.
10. Kim, E. (2020, May 28). *Jeff Bezos revealed the one question he always asks himself before setting Amazon's vision for the next 10 years*. Business Insider. https://www.businessinsider.com/jeff-bezos-shares-how-he-sets-amazons-10-year-vision-2020-5
11. Altman, I. (2015, April 28). *Why Google Glass failed and why Apple Watch could too*. Forbes. https://www.forbes.com/sites/ianaltman/2015/04/28/why-google-glass-failed-and-why-apple-watch-could-too/
12. Thiel, P. (2014). *Zero to One*.
13. Denton, J. (2023, December 7). *It's not just Alibaba—Temu is threatening Amazon and Dollar General, too*. Barron's. https://www.barrons.com/articles/temu-alibaba-amazon-stocks-retail-dollar-general-372cdf83
14. Matsuura, N. (2024, May 31). *Alibaba and Temu threaten Coupang's e-commerce crown in South Korea*. Nikkei Asia. https://asia.nikkei.com/Business/Companies/Alibaba-and-Temu-threaten-Coupang-s-e-commerce-crown-in-South-Korea
15. 변문우·강윤서 기자. (2024, October 25). *[단독] '中 알테쉬' 공습에 무너진 韓…인터넷 통신판매업체, 올 처음 '폐업'이 인허가 수 추월*. 시사저널. https://www.sisajournal.com/news/articleView.html?idxno=312671
16. Clifford, C. (2022, October 6). *How this popular Jeff Bezos quote drives Amazon's climate goals*. CNBC. https://www.cnbc.com/2022/10/06/how-this-popular-jeff-bezos-quote-drives-amazons-climate-goals.html
17. Lombardi, V. *What it takes to be number one*. The official website of Vince Lombardi. https://vincelombardi.com/

18. Shiraishi, T. (2019). Now a million people work for Amazon, Apple, Google, and Facebook. *Nikkei Asia*. https://asia.nikkei.com/Business/Technology/Now-a-million-people-work-for-Amazon-Apple-Google-and-Facebook#
19. Cohen, R. (2020, January-February). The founder of Chewy.com on finding the financing to achieve scale. *Harvard Business Review*. https://hbr.org/2020/01/the-founder-of-chewy-com-on-finding-the-financing-to-achieve-scale

## 2장 혁신적인 제품을 만드는 스탠더드 오퍼레이팅 프로세스

1. Thiel, P. (2014). *Zero to One*.
2. MIT Professional Education. (n.d.). Why 95% of new products miss the mark (and how yours can avoid the same fate). *MIT Professional Education*. https://professionalprograms.mit.edu/blog/design/why-95-of-new-products-miss-the-mark-and-how-yours-can-avoid-the-same-fate/
3. Amazon. (n.d.). Just Walk Out Technology. *Amazon Web Services*. https://aws.amazon.com/ko/just-walk-out/
4. Garun, N. (2016, December 6). Amazon just launched a cashier-free convenience store. *The Verge*. Vox Media. https://www.theverge.com/2016/12/5/13842592/amazon-go-new-cashier-less-convenience-store
5. Salkowitz, R. (2018, January 23). Amazon starts with Go. Where will the technology end up? *Forbes*. https://www.forbes.com/sites/robsalkowitz/2018/01/22/amazons-new-data-driven-convenience-store-uses-ai-to-check-you-out/
6. Warren, T. (2020, September 29). Amazon One lets you pay with your palm. *The Verge*. https://www.theverge.com/2020/9/29/21493094/amazon-one-palm-recognition-hand-payments-amazon-go-store
7. Miller, R. (2016, July 2). How AWS came to be. *TechCrunch*. https://techcrunch.com/2016/07/02/andy-jassys-brief-history-of-the-genesis-of-aws/#
8. Greene, J. (2015, February 2). 10 years later, Amazon celebrates Prime's triumph. *The Seattle Times*. https://www.seattletimes.com/business/amazon/10-years-later-amazon-celebrates-primes-triumph/
9. Thompson, C., Lee, K., & Levin, T. (2023). Tesla history's most important moments, from its founders' launch to bringing EVs mainstream. *Business Insider*. https://www.businessinsider.com/tesla-history-founders
10. Johnson, M. W., & Suskewicz, J. (2020, September). A future-back approach to breakthrough growth. *Innosight*. https://www.innosight.com/insight/a-future-back-approach-to-breakthrough-growth/

11. Jobs, S. (1997). *Apple's Worldwide Developers Conference (WWDC)*.
12. Carr, A. (2015). The inside story of Jeff Bezos's Fire Phone debacle. *Fast Company*. https://www.fastcompany.com/3039887/under-fire
13. Fitzgerald, B. R. (2014, October 23). Amazon takes $170 million charge on Fire Phone. *The Wall Street Journal*. https://www.wsj.com/articles/BL-DGB-38458
14. Bezos, J. (2016). *Letter to shareholders*. Amazon. https://www.aboutamazon.com/news/company-news/2016-letter-to-shareholders
15. Rachleff, A. (2019). How to know if you've got product-market fit. *Apple Podcasts*. https://podcasts.apple.com/us/podcast/andy-rachleff-on-how-to-know-if-youve-got-product-market-fit/id1488560647?i=1000458416917
16. Rachleff, A. (2023, July 26). Product-market fit indicators for consumer companies [Video]. *YouTube*. https://www.youtube.com/watch?v=uaGkM5MWc0M
17. Bryar, C., & Carr, B. (2021). *Working Backwards: Insights, Stories, and Secrets from Inside Amazon*.
18. Swamy, A. (2023, May 2). Working backwards and using Amazon's PRFAQ methodology to launch a new product offering [Video]. *YouTube*. https://www.youtube.com/watch?v=5ZQVeno3daw
19. Walker II, S. M. (2024, May 2). PR/FAQ: The Amazon Working Backwards framework for product innovation. *Product Strategy*. https://productstrategy.co/working-backwards-the-amazon-prfaq-for-product-innovation/
20. Ries, E. (2011). *The Lean Startup: How Constant Innovation Creates Radically Successful Businesses*.
21. Rekhi, S. (n.d.). Challenges with the Lean Startup methodology. *Reforge*. https://www.reforge.com/blog/lean-startup-methodology-problems
22. Westgarth, A. (2018, December 28). Out of focus: Avoiding focus groups. *Forbes*. https://www.forbes.com/councils/theyec/2018/12/28/out-of-focus-avoiding-focus-groups/
23. González De Villaumbrosia, C. (2023, January 10). What is a minimum lovable product? *Product School*. https://productschool.com/blog/product-strategy/minimum-lovable-product
24. Rogers, E. M. (2003). *Diffusion of Innovations*.
25. Boroditsky, L. (2011). How language shapes thought. *Scientific American*. https://www.scientificamerican.com/article/how-language-shapes-thought/

## 3장 민첩하게 움직이는 조직을 만드는 스탠더드 오퍼레이팅 프로세스

1. 통계청. (2024, February 27). 2022년 임금근로일자리 소득(보수)결과.

2. Burck, C., Bossidy, L., & Charan, R. (2011). *Execution: The discipline of getting things done*.

**4장 진취적인 조직문화를 만드는 스탠더드 오퍼레이팅 프로세스**
1. Weber, J., & Dastin, J. (2016, July 27). The identity crisis that led to Yahoo's demise. Reuters. https://www.reuters.com/article/business/the-identity-crisis-that-led-to-yahoos-demise-idUSKCN1O60DN/
2. APA Handbook of Career Intervention. (2014, October).
3. Bock, L. (2015). *WorkRules!: Insights from inside Google that will transform how you live and lead*.
4. Meisenzahl, M. (2019, November 1). Google made a small but important change in 2017 to how it thinks about 'Googleyness,' a key value it looks for in new hires. *Business Insider*. https://www.businessinsider.com/google-googleyness-hiring-training-guide-change-2019-10
5. Martinelli, T. (2024, October 24). I interviewed Google applicants and ranked them on 'Googleyness.' Here I found the greatest interviewee I've ever had. *Business Insider Nederland*. https://www.businessinsider.nl/i-interviewed-google-applicants-and-ranked-them-on-googleyness-here-i-found-the-greatest-interviewee-ive-ever-had/
6. Popomaronis, T. (2022, May 19). Google's hiring process was designed to rule out toxic hires – here's how. *TomTalks*. https://www.linkedin.com/pulse/googles-hiring-process-designed-rule-out-toxic-hires-how-popomaronis/
7. 주예진. (2024, April 2). 대기업 신규 입사 16%가 1년 내 퇴사… 기업들 "인당 2000만원 손해". 동아일보. https://www.donga.com/news/Economy/article/all/20240401/124269295/1
8. 줄리 주오. (2020, September 14). 팀장의 탄생.
9. Amazon. (n.d.). Leadership principles. https://www.amazon.jobs/content/en/our-workplace/leadership-principles
10. Amazon. (n.d.). Interviewing at Amazon. https://www.amazon.jobs/content/en/how-we-hire/interview-loop
11. MentorCruise. (2022). An overview of the Amazon hiring process. https://mentorcruise.com/blog/overview-amazon-hiring-process/
12. Bustamante, A. (2019, February 2). R.I.C.E. [YouTube]. https://www.youtube.com/watch?v=7XmgkWCtnhE
13. Codjoe, N. (2024, September 4). Ex-CIA spy reveals a brilliant framework for understanding why people do what they do. *Inc*. https://www.inc.com/nii-codjoe/ex-cia-spy-reveals-a-brilliant-framework-for-understanding-why-people-do-what-they-do.html

14. Google. (n.d.). About Google. https://about.google/
15. Google. (n.d.). Ten things we know to be true. https://about.google/philosophy/
16. Schmidt, M., VanBoskirk, S., Gill, M., Parrish, R., McElveen, S., & Birrell, R. (February 25, 2022). Value for customers: The essence of customer obsession. *Forrester*. https://www.forrester.com/report/value-for-customers-the-essence-of-customer-obsession/RES177101
17. Chhabra, V. (2022, October 11 / 2023, January 13). Customer obsession happens at the edge. *Forbes*. https://www.forbes.com/sites/delltechnologies/2022/10/11/customer-obsession-happens-at-the-edge/
18. Gallup. (2018, February 26). Maintaining a culture of builders and innovators at Amazon. https://www.gallup.com/workplace/231635/maintaining-culture-builders-innovators-amazon.aspx
19. Amazon Empire: The rise and reign of Jeff Bezos. (2020). Transcript. https://www.pbs.org/wgbh/frontline/documentary/amazon-empire/transcript/
20. Sridharan, M. A. (2021, July 15). Andon cord. *Think Insights*. https://thinkinsights.net/strategy/andon-cord/
21. Stewart, A. (2022, July 22). This leaked document shows exactly how Amazon managers evaluate employee performance and decide pay. *Business Insider*. https://www.businessinsider.com/leaked-document-shows-how-amazon-managers-decide-performance-and-pay-2022-7?
22. Beretta, M., Dahlander, L., Frederiksen, L., & Thomas, A. (2023, September 12). Lego takes customers' innovations further. *MIT Sloan Management Review*. https://sloanreview.mit.edu/article/lego-takes-customers-innovations-further/
23. Lego. (n.d.). Ideas. https://ideas.lego.com/
24. Hastings, R. (2009, August 1). Culture. https://www.slideshare.net/slideshow/culture-1798664/1798664
25. Taylor, A. (2002, July). Driving customer satisfaction. *Harvard Business Review*. https://hbr.org/2002/07/driving-customer-satisfaction
26. Reichheld, F. F. (2023, December). The one number you need to grow. *Harvard Business Review*. https://hbr.org/2003/12/the-one-number-you-need-to-grow
27. Chewy. (n.d.). Home page. https://www.chewy.com/
28. Chewy Careers. (n.d.). Operating principles. https://careers.chewy.com/us/en/operating-principles
29. Trainer, D. (2019, June 13). What you need to know about Chewy's IPO. *Forbes*. https://www.forbes.com/sites/greatspeculations/2019/06/13/what-you-need-to-know-

about-chewys-ipo/

30. Statista. (n.d.). Market share of leading retail e-commerce companies in the United States. https://www.statista.com/statistics/274255/market-share-of-the-leading-retailers-in-us-e-commerce/

31. Carr, D. F. (2023, February 10). Global e-commerce performance trends in 2022. *Global Pet Industry*. https://globalpetindustry.com/article/e-commerce-performance-trends-2022

32. Stein, S. (2021, June 20). Pandemic pet adoptions add to Chewy's tailwinds, but is sustainability in store? *Forbes*. https://www.forbes.com/sites/sanfordstein/2021/06/20/pandemic-pet-adoptions-add-to-chewys-tailwinds-but-is-sustainability-in-store/

33. Faithfull, M. (2023, March 24). Chewy looks beyond U.S. as pet retailers bolster healthcare offer. *Forbes*. https://www.forbes.com/sites/markfaithfull/2023/03/24/chewy-looks-beyond-us-as-pet-retailers-bolster-healthcare-offer/

34. Verdon, J. (2020, January 26 / 2020, January 27). Ryan Cohen started a company that took on Amazon, and sold it for $3 billion. Now he's thinking about what's next. *Forbes*. https://www.forbes.com/sites/joanverdon/2020/01/26/ryan-cohen-started-a-company-that-took-on-amazon-and-sold-it-for-3-billion-now-hes-thinking-about-whats-next/

35. Cosgrove, E. (2021, April 3). Online pet store Chewy's plan for conquering the supply-chain chaos and beating Amazon hinges on one key e-commerce skill. *Business Insider*. https://www.businessinsider.com/chewys-autoship-success-gives-it-a-leg-up-on-amazon-2021-4

36. Chewy Health. (n.d.). LinkedIn. https://www.linkedin.com/showcase/chewyhealth/about/

37. 강지남 (2021, May Issue 1). 사람과 동물의 마음을 훔친 펫 전문 온라인몰 아마존 뛰어넘는 '팬데믹 승자'로. *동아 비즈니스 리뷰* https://dbr.donga.com/article/view/1202/article_no/10033

38. Sonsev, V. (2018, May 23). Did customer service help Chewy rake in a hefty price tag? *Forbes*. https://www.forbes.com/sites/veronikasonsev/2018/05/23/chewys-customers-love-them-and-heres-why/

39. Anderson, G. (2021, January 14). How Chewy is winning the battle for pet owner loyalty. *Forbes*. https://www.forbes.com/sites/retailwire/2021/01/14/how-chewy-is-winning-the-battle-for-pet-owner-loyalty/

40. DuRose, R. (2021, November 5). Chewy is hiring for 1,000 roles in 14 states. Here's how pet lovers can land a job at the beloved retail brand. *Business Insider*. https://www.

businessinsider.com/how-to-work-at-chewy-application-tips-interview-process-2021-11?op=1

41. Cappelli, P., & Tavis, A. (2016, October). The performance management revolution. *Harvard Business Review*. https://hbr.org/2016/10/the-performance-management-revolution
42. Gino, F., Staats, B. R., Hall, B. J., & Chang, T. Y. (2013, September / 2016, June). The Morning Star company: Self-management at work. *Harvard Business School Faculty Research*.
43. Minnaar, J. (2016, November 14). Morning Star's success story: No bosses, no titles, no structural hierarchy. *Corporate Rebels*. https://www.corporate-rebels.com/blog/morning-star
44. Hamal, G. (2011, December). First, let's fire all the managers. *Harvard Business Review*. https://hbr.org/2011/12/first-lets-fire-all-the-managers
45. Castilla, E. J. (2016). Achieving meritocracy in the workplace. *MIT Sloan Management Review*. https://sloanreview.mit.edu/article/achieving-meritocracy-in-the-workplace/
46. Gascoigne, J. (2024, January 26). Introducing our open salary system: Reflecting on a decade of transparent salaries at Buffer. *Buffer*. https://buffer.com/resources/salary-system/
47. de Morree, P. (2018, February 21). Self-set salaries: A practical guide. *Corporate Rebels*. https://www.corporate-rebels.com/blog/self-set-salaries
48. Pink, D. H. (2011, January 13). *Drive: The surprising truth about what motivates us*.

## 5장 프로세스로 성공을 설계하고자 하는 리더가 알아야 할 것

1. Natanson, E. (2016, August 10). What we can learn by looking at successes and failures of app businesses with similar models. *Forbes*. https://www.forbes.com/sites/eladnatanson/2016/08/10/what-we-can-learn-by-looking-at-successes-and-failures-of-app-businesses-with-similar-models/
2. Shontell, A. (2012, January 8). Here's how long it took 15 hot startups to get 1,000,000 users. *Business Insider*. https://www.businessinsider.com/one-million-users-startups-2012-1
3. Popper, B. (2013, November 26). Demolition man: Why does Fab's CEO keep building big companies that suddenly implode? *The Verge*. https://www.theverge.com/2013/11/26/5144184/the-rise-and-fall-and-rise-and-fall-of-jason-goldberg
4. Shontell, A. (2015, February 7). The tech 'Titanic': How red-hot startup Fab raised $330 million and then went bust. *Business Insider*. https://www.businessinsider.com/how-billion-dollar-startup-fab-died-2015-2#

5. Bezos, J. (2016). 2016 letter to shareholders. *Amazon*. https://www.aboutamazon.com/news/company-news/2016-letter-to-shareholders

## 에필로그

1. Harper, D. (2024). *Online etymology dictionary*. https://www.etymonline.com/kr/word/process

**실리콘밸리 프로세스의 힘**

**초판 1쇄 발행** · 2025년 2월 26일
**초판 4쇄 발행** · 2025년 5월 16일

**지은이** · 신재은
**발행인** · 이종원
**발행처** · ㈜도서출판 길벗
**브랜드** · 더퀘스트
**출판사 등록일** · 1990년 12월 24일
**주소** · 서울시 마포구 월드컵로 10길 56 (서교동)
**대표전화** · 02 ) 332-0931 | **팩스** · 02 ) 323-0586
**홈페이지** · www.gilbut.co.kr | **이메일** · gilbut@gilbut.co.kr

**편집** · 송은경(eun3850@gilbut.co.kr), 유예진, 오수영
**제작** · 이준호, 손일순, 이진혁 | **마케팅** · 정경원, 정지연, 이지원, 이지현 | **유통혁신** · 한준희
**영업관리** · 김명자 | **독자지원** · 윤정아

**디자인** · 알레프 | **CTP 출력 및 인쇄** · 금강인쇄 · **제본** · 금강인쇄

· 더퀘스트는 ㈜도서출판 길벗의 인문교양·비즈니스 단행본 브랜드입니다.
· 이 책은 저작권법의 보호를 받는 저작물로 이 책에 실린 모든 내용, 디자인, 이미지, 편집 구성은
  허락 없이 복제하거나 다른 매체에 옮겨 실을 수 없습니다.
· 인공지능(AI) 기술 또는 시스템을 훈련하기 위해 이 책의 전체 내용은 물론 일부 문장도 사용하는 것을 금지합니다.
· 잘못 만든 책은 구입한 서점에서 바꿔 드립니다.

ⓒ 신재은, 2025

ISBN 979-11-407-1262-5(03320)
(길벗 도서번호 090251)

정가 21,000원

**독자의 1초까지 아껴주는 정성 길벗출판사**
㈜도서출판 길벗 | IT단행본, 성인어학, 교과서, 수험서, 경제경영, 교양, 자녀교육, 취미실용 · www.gilbut.co.kr
길벗스쿨 | 국어학습, 수학학습, 주니어어학, 어린이단행본, 학습단행본 · www.gilbutschool.co.kr
인스타그램 · thequest_book | 페이스북 · thequestzigi | 네이버포스트 · thequestbook